Allitera Verlag

Zeitlose Wahrheiten
Ein Wegweiser für das Leben

Zitate und Aphorismen
ausgewählt und kommentiert
von Klaus Michael Groll

Allitera Verlag

Originalausgabe Juni 2024
Allitera Verlag
Ein Verlag der Buch&media GmbH, München
© 2024 Buch&media GmbH, München
Layout, Satz und Umschlaggestaltung: Mona Königbauer
Gesetzt aus der Helvetica und der Adobe Garamond
Umschlagvorderseite v. o. l.: Arthur Schopenhauer, Mme. de Staël, Thomas Mann, Friedrich Hölderlin, Astrid Lindgren, Johann Wolfgang von Goethe, alle gemeinfrei
Bilder Innenteil: alle gemeinfrei bis auf S. 76: SZ Photo / Brigitte Friedrich; S. 17 und 171: SZ Photo / Anita Schiffer-Fuchs; S. 93 und 139: United Archives GmbH / Alamy Stock Photo
Printed in Europe · ISBN print 978-3-96233-461-1

Allitera Verlag
Merianstraße 24 · 80637 München
Fon 089 13 92 90 46 · Fax 089 13 92 90 65

Weitere Publikationen aus unserem Programm finden Sie auf www.allitera.de
Kontakt und Bestellungen unter info@allitera.de

Vorbemerkung

Dieses Buch verdanken wir nicht zuletzt den Leserinnen und Lesern des *Münchner Merkur* und seiner regionalen Ausgaben, wo die von mir kommentierten »Zeitlosen Wahrheiten« seit 2018 als Kolumne erscheinen (inzwischen bald 400 an der Zahl). Vielfach wurde nämlich der Wunsch geäußert, die einzelnen Beiträge in einem Buch zusammenzufassen. Dem sind der Allitera Verlag und ich gerne gefolgt.

Wie kam es überhaupt dazu? Den Ursprung bildet eine Liste meines Freundes Prof. Dr. Hendrik Birus. In ihr finden sich an die 250 Werke der Weltliteratur, die seine Studentinnen und Studenten bis zum Examen gelesen haben müssen. Obwohl Jurist und nicht Student der Literaturwissenschaften, war es mir eine Lust, diese Liste peu à peu »abzuarbeiten«. Dabei habe ich alles das herausgeschrieben, was mir wert schien, festgehalten zu werden. So entstand eine umfangreiche Zitate- und Aphorismensammlung, die ich dann später anlässlich der Lektüre weiterer Werke stetig ergänzt habe. Vielleicht ist dieses Verfahren der Grund dafür, dass ich zu vielen Zitaten und Aphorismen eine ganz persönliche Beziehung verspüre.

Bei näherer Betrachtung zeigt sich, dass ein Großteil der Texte Aussagen über den Tag hinaus enthält – *zeitlose* Wahrheiten eben, die bis heute Gültigkeit besitzen. Wer dieses Buch liest, findet daher hoffentlich nicht nur Freude daran, sich mit den Gedanken großer Literaten und Künstler zu beschäftigen, sondern nutzt das eine oder andere für Vorträge, Reden, Korrespondenz oder anderes.

Aufgrund der inhaltlichen Vielfältigkeit und Fülle der ausgewählten Zitate und Aphorismen wurde statt einer starren alphabetischen oder chronologischen Systematisierung eine lose Abfolge gewählt. Schlagworte am Ende jedes Zitats oder Aphorismus helfen dem Leseverständnis. Sie sind am Ende des Buches zur leichteren Auffindbarkeit in einem Register erfasst, ebenso wie die Namen der Verfasserinnen und Verfasser.

Dem *Münchner Merkur* sei Dank, dass er dem Buchprojekt spontan und gerne zugestimmt hat.

München, im Mai 2024 *Prof. Dr. Klaus Michael Groll*

»Keinem Richter gebührt's,
die ganze Nacht zu
durchschlummern.«

Homer (geb. wohl Ende 7. Jh. v. Chr.)
in der »Ilias«

»Nur der verdient sich Freiheit
wie das Leben, der täglich
sie erobern muss.«

Johann Wolfgang von Goethe
(1749–1832) in »Faust«, Teil II

Ein Appell an das Verantwortungsgefühl des Richters. Bei aller Routine darf er nie vergessen, dass ein Prozess für die Angeklagten und Streitparteien in der Regel eine extreme Situation bedeutet. Auch vermeintlich kleine Konflikte nehmen im Leben der Beteiligten viel mehr Raum ein, als dem Richter manchmal bewusst ist. Und wenn es um wirklich Gewichtiges geht, entscheidet er oft über Schicksale, greift tief und nachhaltig in das Leben ein, entscheidet über Glück und Unglück. Aber gerade, weil der Staat ihm eine so hohe Aufgabe anvertraut hat, ist dem Richter von der Bevölkerung auch die gebührende Achtung entgegenzubringen.

Richter

Wie viele Menschen schon mussten den Kampf um die Freiheit mit ihrem Leben bezahlen! Sind wir uns wirklich hinreichend bewusst, dass ein großer Teil der Menschheit auch heute noch in Unfreiheit lebt, viele gänzlich grundlos eingesperrt? Es ist die Pflicht aller Lehrenden, der Jugend zu vermitteln, welche Errungenschaften die Freiheit bedeutet, welchen Segen sie stiftet, dass der Mensch nur in Freiheit zur vollen Entfaltung seiner individuellen Persönlichkeit gelangen kann. Und vor allem, dass Freiheit steter Verteidigung bedarf, denn ehe wir uns versehen, ist es mit ihr vorbei.

Leben
Freiheit

»Zu leben ist doch süß.«

Franz Grillparzer (1791–1872)
in »Des Meeres und der Liebe Wellen«

»Nichts ist ohne Rücksicht gut.«

William Shakespeare (1564–1616)
in »Der Kaufmann von Venedig«

Vor dem Hintergrund des stationären Tiefs in der Politik, verbreiteter Ängste und Verunsicherung, ja auch ideologischer Verwirrung, stehen wir gegenwärtig in der Gefahr, uns von den Lasten und Problemen niederdrücken zu lassen. So viel Schwieriges auch zu bewältigen ist, vergessen wir bitte nicht: Uns wurde die Gnade zuteil zu leben. Wir dürfen die Wunder der Schöpfung bestaunen, uns eine erfüllende Beschäftigung suchen und mit Menschen umgeben, denen wir in Liebe, Freundschaft oder Sympathie zugeneigt sind. Zu bedauern jene, die solche Geschenke nicht mehr zu würdigen wissen.

Leben
Genuss

Rücksicht – eine edle, doch aussterbende Tugend. Der Grund: Sie kommt heute in der Erziehung zu kurz. Freie Entfaltung wird als vorrangiger Wert gepriesen. Aber wie soll das Ganze funktionieren, wenn man nur sich selbst sieht? Niemand ist allein auf der Welt. Der Rücksichtsvolle verrät Verstand und humanen Geist. Der Rücksichtslose mag durchaus auch Erfolge verbuchen, aber er sammelt Feinde und schadet der Gemeinschaft.

Rücksicht

»Die beste Weisheit des Lebens ist, sich nirgends hineinzumischen.«

Laotse (geb. 571 v. Chr.)

Leicht gesagt, denn wo liegt im Einzelfall die Grenze? Natürlich ist im Grundsatz Zurückhaltung geboten. Andererseits lassen sich viele Situationen vorstellen, wo ein Eingreifen sinnvoll, weil hilfreich ist. Immer geht es um die Frage: »Geht es mich etwas an oder nicht?« Was bedeutet dies aber? Man wird wohl darauf abstellen können, ob man für das betreffende Problem in irgendeiner Weise in der Verantwortung steht. Liegen sich etwa zwei Vereinsmitglieder in den Haaren, darf, ja sollte sich der Präsident um Befriedung bemühen Oder: Pflegt ein Jugendlicher offenkundig unguten Umgang, kann es als Ausfluss elterlicher Liebe und Sorge geradezu Pflicht sein, sich darum mit Klugheit zu kümmern. Es bleibt aber bei Laotses Rat: Im Zweifel raushalten – auch wenn es schwerfällt.

Klugheit

»Das Leben besteht nicht daraus, gute Karten zu haben, sondern mit denen, die du hast, gut zu spielen.«

Josh Billings (1818–1885)

Das ist wahrlich weise. Was der Mensch auch tut, immer bleibt er gefangen in seinen Talenten, seien sie geistiger oder körperlicher Art. Einem jeden sind von der Natur Grenzen gesetzt. Was der US-amerikanische Schriftsteller also im Blick hat, ist, was man aus seinen mit der Geburt gelieferten bzw. geschenkten Gaben macht. Man kann sie zur optimalen Entfaltung bringen, aber auch brachliegen lassen.

Leben
Klugheit

»Wer um einen Sinn seines Lebens weiß, dem verhilft dieses Bewusstsein mehr als alles andere dazu, äußere Schwierigkeiten und innere Beschwerden zu überwinden.«

Viktor E. Frankl (1905–1997)

Sinnsuche, nicht Glückssuche, darum geht es, denn das Glück ist unberechenbar. Glück erheischen zu wollen, ist ein müßiges Unterfangen. Aber seinem Leben einen Sinn zu geben, das kann Grundlage für das Erreichen von Glück sein. Nur: Wie erkenne ich, worin Sinn für mein Leben besteht? Eine so schwierige Frage! Denken wir an die US-amerikanische Popsängerin Billie Eilish. Auch sie ringt damit, wenn sie singt »Ich weiß nicht, was ich fühlen darf« und: »Ich habe vergessen, wie man glücklich ist.« Wen die Frage nach dem Sinn quält, ist also nicht allein, aber er sollte die Suche danach nie einstellen.

Lebenssinn

»Humor ist äußerste Freiheit des Geistes. Wahrer Humor ist immer souverän.«

Christian Morgenstern (1871–1914).

»Wir haben zu wenig Zeit, wir verschwenden zu viel davon.«

Seneca (gest. 65 n. Chr.)

Worin besteht die Souveränität? Sie speist sich aus der Erkenntnis, dass man nicht seines Geschickes Herr ist. Dem Humorvollen zeigt sich das Unvollkommene des Menschen, aber eben auch die Komik, die in diesem »Allzumenschlichen« (Nietzsche), in diesem »Jahrmarkt der Eitelkeiten« (William Makepeace Thackeray) liegt. Humor hilft, die menschlichen Unzulänglichkeiten in einem milderen, gütigeren Licht zu sehen, hilft, nicht alles so wichtig zu nehmen (vor allem sich selbst nicht) und folglich freundlicher und humaner miteinander umzugehen.

Humor

Das stimmt, denn wer verweist nicht wieder und wieder auf seine Zeitknappheit, verliert sich zugleich aber in unnützer Tätigkeit? Es wäre schon ein Ausdruck hoher Lebenskunst, wenn es tatsächlich gelingen sollte, sich so zu organisieren, dass man nicht ständig die Uhr im Blick hat, weil man klug auswählt, was man tut, aber eben auch lässt. Das ganze Leben bewegt sich zwischen Tun und Lassen, in jedem Moment des Wachseins. Hier ausnahmslos die richtige Balance zu finden, gelingt niemandem.

Zeitverschwendung

»Ich habe in meinem Leben zumindest eine große Liebe gekannt, und ihr Gegenstand war jederzeit ich.«

Albert Camus (1913–1960)
in »Der Fall«

»Wenn ihr eine Vergangenheit habt, die euch nicht befriedigt, dann vergesst sie jetzt. Erfindet eine neue Geschichte für euer Leben und glaubt daran.«

Paulo Coelho (geb. 1947)
in »Der Fünfte Berg«

Wer sich grundsätzlich ablehnt, wer sich nur kritisch betrachtet, kann nicht glücklich sein, ja, man kann ihn oder sie nur bedauern. Aber Camus hat hier im Gegenteil die im Blick, die sich lieben, aber eben nur sich: die Egomanen, Egozentriker, Narzissten. Deren Zahl ist nicht gerade klein. Auch sie kann man nur bedauern, denn sie sind sozial untauglich und deshalb unbeliebt, was sie wegen ihrer absonderlichen Natur selbst oft gar nicht wahrnehmen. Man sollte nach Möglichkeit einen Bogen um sie machen, denn ihr Wesen und Verhalten bilden für ihr persönliches Umfeld eine ständige Quelle für Konflikte. Ungetrübte Harmonie lässt sich mit ihnen, auch wenn man sich noch so bemüht, nicht herstellen.

Mensch
Selbstliebe

Wie oft beklagen Menschen, in ihrem Leben die Weichen falsch gestellt zu haben, auch bei fundamentalen Entscheidungen: der falsche Beruf, die falschen Freunde. Hier kommt Coelhos Rat ins Spiel. Analysiert, was euch nicht gefällt oder gar unglücklich macht, korrigiert, wo ihr könnt, orientiert euch neu! Und was er natürlich auch im Sinn, hat: Wer einen Irrweg weiter verfolgt, verschenkt wertvolle Zeit, verschenkt Leben.

Leben
Weichenstellung

»Der Ursprung alles Krieges ist Diebsgelüst.«

Arthur Schopenhauer (1788–1860)
in »Parerga und Paralipomena«

»Gib immer dein Bestes, auch wenn die Chancen gegen dich stehen!«

Arnold Palmer (1929–2016),
US-amerikanischer Golfprofi

Historiker werden Gegenbeispiele liefern können, aber geht man den Ursachen von Kriegen wirklich auf den Grund (gegebenenfalls auch weit zurück), zeigen sich doch zahlreiche Bestätigungen für Schopenhauers These. Insbesondere Diktatoren, die keinen wirksamen institutionellen Kontrollen unterliegen, pflegen von Diebsgelüsten befallen zu sein. Solche absoluten Herrscher sind oft unersättlich, ruchlos und erstreben für sich nachhaltige Denkmäler. Welche schrecklichen Opfer sie den Menschen dabei zumuten, liegt außerhalb ihres Blickfelds oder ist für sie ohne Bedeutung.

Krieg

Wir sind beim Sport. Sein Bestes geben, nicht unbedingt siegen müssen, darum geht es. Misserfolge, Niederlagen gehören nun mal zum Wettbewerb. Durch Misserfolge wächst man, sie steigern die Herausforderung, befeuern das Streben nach Verbesserung, nach Fortschritt. Daher ist es unverantwortlich, etwa die Bundesjugendspiele in den Schulen abzuschaffen. Das ist nicht nur ein Affront gegen die sportlich Begabten, sondern auch gegen die weniger sportlichen Schüler. Eine vollkommen verfehlte Rücksichtnahme! Schon der junge Mensch muss verlieren lernen. Geht er dem Vergleich aus dem Weg, ordnet er sich falsch ein. Umso heftiger das Morgenerwachen im Erwachsenenleben.

Leistung

»Die Frage kann nicht mehr lauten: Was habe ich vom Leben noch zu erwarten? Sondern nur mehr: Was erwartet das Leben von mir?«

Viktor E. Frankl (1905–1997)
in »Über den Sinn des Lebens«

Der weltberühmte Arzt und Psychologe meint also, dass es das Leben sei, welches uns die Fragen stelle. Und wir seien es, die zu antworten hätten. All unser Sein sei nichts weiter als »ein Antworten, ein Antworten auf alle Lebensfragen«. Natürlich liefere das Leben auch Freude, aber erst indem wir Antworten darauf suchten, was das Leben von uns erwartet, erführen wir, dass es eine einzige große Verpflichtung sei. Freude und Glück könnten nie das Ziel sein, jedoch würden sie sich (bei gnädigem Geschick) in der Pflichterfüllung einstellen.

Leben
Anspruch

»Sei dennoch unverzagt, gib dennoch unverloren, weich keinem Glücke nicht. Was du noch hoffen kannst, das wird noch stets geboren.«

Paul Fleming (1609–1640) in »An sich«

»Und was macht Räuber kühn als zu viel Milde?«

William Shakespeare (1564–1616) in »König Heinrich VI.«

Die Verse des bedeutenden Barockdichters zählen zum wertvollen Schatz deutscher Lyrik. »Weich keinem Glücke nicht«, meint, dass sich der Mensch nicht seiner Würde begeben und das Schicksal nicht widerspruchslos hinnehmen solle. Es gelte, sich entschlossen und tapfer den Launen Fortunas entgegenzustellen. Hier schimmert eine auf den Stoizismus zurückgehende Gesinnung durch. Glücklich wird danach nur der Tugendhafte und tugendhaft ist der Willensstarke, der Hoffnungsvolle, der, welcher streng gegen sich selbst ist, der Gerechtigkeit übt und ein Leben in Pflichterfüllung lebt.

Nahezu täglich müssen wir in den Gazetten von Urteilen lesen, die uns verzweifeln lassen. Was ist nur in die Strafjustiz gefahren? Milde Geldstrafen (wenn überhaupt), wo dem Täter durch eine Freiheitsstrafe ein Denkzettel verpasst werden müsste. »Denk«-zettel – eine Sanktion, die ihn zum Nachdenken bringt. Und auch bei wiederholten, erheblichen Rechtsbrüchen immer und immer wieder Bewährung. Es geht nicht darum, um jeden Preis Volkes Stimme zu folgen, sondern schlicht um Gerechtigkeit, um die Besserung des Täters, ja auch um Abschreckung. Dass es sie nicht gäbe, ist ein verbreiteter Irrtum, auch bei Sachverständigen. Viele Täter kalkulieren das Verhältnis von Chance und Risiko.

Glück
Hoffnung

Strafe
Recht

»Man darf mit dem Leben nie Poker spielen. Sich selbst zu täuschen, hat keinen Reiz. Man soll mit offenen Karten spielen.«

Maurice de Vlaminck (1876–1958) in »Mein Testament«

»Wie sollte einer ohne Enttäuschung Klarheit über sich selbst gewinnen können?«

Peter Bieri alias Pascal Mercier (1944–2023) in »Nachtzug nach Lissabon«

Der französische Maler, Schriftsteller, Kontrabassist und Radrennprofi rät, man möge sich nichts vormachen. Wer bin ich wirklich? Was weiß ich? Was kann ich? Wohin gehöre ich? Alle diese Fragen klingen einfach und doch fallen die Antworten oft schwer. Selbsteinschätzung und Irrtum liegen dicht beieinander. Was Vlaminck aber vor allem im Blick hat, ist die vorsätzliche Täuschung. Man spielt eine Rolle. Das geht selten gut. Und wie schnell wird man doch auch durchschaut.

Kein Leben ohne Enttäuschungen. Sie schmerzen, schaffen Kummer, Verbitterung, Empörung, oft auch Wut. Erwartungen, Hoffnungen haben sich nicht erfüllt. Sodann der Selbstvorwurf: Warum war ich so naiv, so blind? Wie konnte ich mich nur darauf verlassen? Doch die positive Seite der Medaille: Der Täuschung folgen ja Erleuchtung, Befreiung von Irrtum und Illusion. Die Wahrheit tritt uns nun ungeschminkt entgegen. Wir machen eine Erfahrung auch über uns selbst, eine Erfahrung, die uns mental stärken kann.

Mensch
Selbsttäuschung

Mensch
Enttäuschung

»Wer seine Schranken kennt, der ist der Freie, wer frei sich wähnt, ist seines Wahnes Knecht.«

Franz Grillparzer (1791–1872)
in »Libussa«

»Du erschienest mir ein wenig zu weich, wie fast wir alle, die wir in einem glücklichen, freien Gemeinwesen ein gehobenes geistiges Leben lebten.«

Marcus Tullius Cicero (106–43 vor Chr.)
in »Briefe an seine Freunde«

Zu Recht preisen wir die Freiheit, werden an vielen Orten der Welt darum beneidet. Aber solche rechtsstaatlich verbürgte Freiheit hat der österreichische Dichter hier nicht im Blick. Vielmehr geht es darum, permanent die eigenen Wünsche auszuweiten und nach deren Erfüllung zu streben. Das betrifft Materielles sowie Ideelles. Unzufriedenheit, Ruhelosigkeit sind die Folge. Ein solcher Mensch ist stets getrieben, oft nicht mehr Herr seines Willens, wird, wie Grillparzer uns lehrt, zu seines »Wahnes Knecht«.

Mensch
Freiheit

Das kommt uns doch bekannt vor: rechtsstaatlich garantierte Freiheit, Wohlstand, Jahrzehnte kein Krieg im eigenen Land. Wie sehr haben wir uns daran gewöhnt! Es scheint jedoch nach geschichtlicher Erfahrung von nahezu naturgesetzlicher Konsequenz, dass so lange genossene Stabilität neben Unaufmerksamkeit, Trägheit und Naivität auch Weichheit fördert. Man gewöhnt es sich ab, Regeln zu achten, das Gespür für die Notwendigkeit von Sicherheit und Ordnung schwindet, ganz zu schweigen von dem festen Willen, sein Land verteidigen zu müssen. Cicero hat ganz recht: Anstatt dass wir bewährten Grundsätzen folgen, wird vielfach weichgespült.

Staat
Weichheit

»Jeder wählt sich seinen Weg.
Jeder ist der Gefangene seines
Weges. Für jeden gibt es ...
nur diesen einen Weg.«

Jacques Audiberti (1899–1965)
in »Quoat-Quoat«

»Du sprichst, wie du's verstehst.«

Heinrich von Kleist (1777–1811)
in »Der zerbrochene Krug«

Man wählt – und ist doch gefangen? Das klingt nach einem Widerspruch. Sind wir frei oder doch determiniert, durch höhere Mächte geführt? Wir können, sollen es nicht wissen. Interessant bleibt aber, ob es, wie der französische Autor meint, nur diesen einen Weg gibt. Was sagt unser Gefühl, wenn wir auf unser bisheriges Leben zurückblicken? Sollte es genauso verlaufen, oder hätte es gangbare Alternativen gegeben? Das wird jeder anders empfinden. Allerdings können wir uns solche hypothetischen Alternativen nie genau vorstellen. Sie sind einfach zu diffus. Da liegt die Vorstellung von einem Film unseres Lebens, der so und nicht anders laufen sollte und soll, schon näher.

Lebensweg
Schicksal

Das heißt: Will man den anderen durchschauen, achte man auf seine Worte, die laut Kleist das Innere nach außen kehren. Das gilt sicher nicht uneingeschränkt, denn Täuschung durch Sprache gehört zum Talent nicht weniger Menschen. Aber es lohnt, doch immer mal wieder Wortwahl und Ton auf die Goldwaage zu legen. So sagt es etwas aus, wenn ein Politiker wiederholt äußert, man habe etwas »auf den Weg gebracht«, wohinter sich in Wahrheit verbirgt, man schiebe und von Erledigung keine Spur. Oder wenn es vernebelnd heißt: »Wumms« oder gar »Doppelwumms«. Hier werden Kraftausdrücke benutzt, um einem Tun mehr Gewicht zu verleihen, als es besitzt.

Sprache

»Um als Alter seinen Sinn zu erfüllen und seiner Aufgabe gerecht zu werden, muss man mit dem Alter und allem, was es mit sich bringt, einverstanden sein. Ohne dieses Ja betrügen wir das Leben.«

Hermann Hesse (1877–1962)
in »Mit der Reife wird man jünger«

»Wenn ich lange, unermüdlich arbeite, dann werden die Gedanken leichter, und es scheint, als wäre mir klar, weshalb ich existiere.«

Anton Tschechow (1860–1904)
in »Der Kirschgarten«

Manche sind stolz auf ihr Alter, andere wollen es einfach nicht wahrhaben. Da herrscht Jugendwahn, Falten werden wegoperiert, es wird gejoggt und bei den Lebensjahren geschummelt. Man empfindet das Altwerden als Strafe, nicht als natürlichen Prozess. Freilich ist es gut, wenn man sich fit hält, der Unternehmungsgeist nicht erlahmt, und auch das Kind im Manne kann Ausdruck von Vitalität sein. Von einer wirklich reifen Persönlichkeit sollte man jedoch nur sprechen, wenn sich die Zahl der Jahre und das Lebensgefühl einigermaßen im Einklang befinden.

Ich weiß nicht, ob der Anteil derer, die Tschechow zustimmen, groß ist, wird Arbeit doch vielfach als Fron, Pflicht oder Last empfunden. Und doch ist sie es, die so segensreiche Wirkungen entfaltet. Sie dient dem Broterwerb, lenkt ab von beschwerenden Problemen, fördert die Selbsterkenntnis und liefert, anders als permanenter Müßiggang, wohltuende Bestätigung, ja, sie schenkt dem Leben Sinn.

Arbeit
Existenz

Alter

»Woran ihre Seele arbeitete, war, den Gedanken der Entsagung in den des Glückes aufzunehmen.«

Thomas Mann (1875–1955)
in »Pariser Rechenschaft«

»Begebt Euch in die Schranken der Geduld!«

William Shakespeare (1564–1616)
in »Othello«

Wer kennt das nicht: den schmerzlichen Verzicht auf etwas Begehrtes. Genau das hat Thomas Mann im Blick. Die Kunst bestehe nun darin, dem Wunsch nicht nur zu entsagen, sondern auch noch zu der Überzeugung zu gelangen, dass solche Entsagung dem wahren Glück diene. Aber welcher Kraftaufwand! Verzicht üben, obwohl man einem Ziel geradezu verhaftet ist. Für den Buddhismus ist solche Verhaftung Hauptursache von Leiden. Aber man muss nicht Buddhist sein, um sich immer mal wieder der Weisheit Thomas Manns zu erinnern, dass ein Verzicht durchaus Voraussetzung für Glück sein kann, was ja nicht ein Verfallen in radikale Askese bedeuten muss, die Thomas Mann übrigens auch nicht schätzte.

Geduld: Schon von den Philosophen der Antike als eine der hohen Tugenden gepriesen. Doch unsere schnelllebige Gegenwart scheint nicht sonderlich geeignet, die Entwicklung von Geduld zuzulassen. Überall Versuchungen in Hülle und Fülle. So bilden sich permanent Wünsche und Ziele. Oft bedarf es zur Verwirklichung jedoch eines langen Atems, die Strecke zum Erfolg ist lang, nicht selten dornenreich. Arm dran, wer es nicht gelernt hat, mit ungestillten Sehnsüchten zu leben oder ungute Situationen länger zu ertragen.

Geduld

Glück
Seele
Entsagung

»Die Liebe wird leicht zur Wut in heftigen Naturen.«

Friedrich von Schiller (1759–1805)
in »Die Braut von Messina«

Scheidungsrichter und -anwälte wissen Oratorien davon zu singen. Gewaltigen Bemühens bedarf es oft, trotz des Zerwürfnisses doch noch eine gütliche Einigung zu erreichen, ja, was viele Richter gar nicht ahnen, welcher Anstrengung es seitens der Anwälte immer wieder bedarf, die eigene Partei zur Raison zu bringen. Es ist eben ein tiefer Fall von großer Liebe zum irreparablen Bruch. Und meist wird auch die Verantwortung hierfür allein oder primär beim anderen gesehen. Die Enttäuschung ist riesig, vielfach fühlen sich beide verletzt und sind objektiver Wertung nicht mehr fähig. Der andere erscheint in vollkommen anderem Licht als einst.

Liebe
Ehe

»Ich freue mich des Lebens, suche keine Dornen, hasche die kleinen Freuden.«

Catharina Elisabeth Goethe (1731–1808)

Kann ein Rat klüger sein? Und in der Tat stammt er von einer sehr geistreichen und warmherzigen Frau, von Goethes Mutter nämlich. Kein Wunder, dass er, wie überliefert ist, ihre Frohnatur lobte, ebenso wie ihre Lust zu fabulieren. Nach eigenem Bekunden liebte sie die Menschen. An ihre Freundin Charlotte von Stein schrieb sie einmal: »Ich habe die Gnade von Gott, dass noch keine Menschenseele missvergnügt von mir weggegangen ist – weß' Stands, alters und Geschlecht sie auch geweßsen ist.«

Leben
Freude

»Wahre Harmonie kann in einem Gemeinwesen nur entstehen, wenn der Einzelne, statt zu versuchen, aus seiner Stellung Vorteil zu ziehen, seine privaten Interessen hinter jenen der Gemeinschaft zurückstellt.«

Stefan Zweig (1881–1942)
in »Sternstunden der Menschheit«

»O Zeit! Du selbst entwirre dies, nicht ich: Ein zu verschlungner Knoten ist's für mich!«

William Shakespeare (1564–1616)
in »Was ihr wollt«

Ein Dichterwort, um 1600 geschrieben, und doch so aktuell. Kaum ein Bereich, der nicht der Entwirrung harrt. Wo man hingreift: Orientierungslosigkeit oder untaugliche, zumindest nur halbherzige Konzepte. Die Folge: verbreiteter Frust und Resignation. Aber wie den Knoten lösen? Mehr Courage und Deutlichkeit, das gehört an den Anfang, denn es fehlen die Konturen. Zu viel ideologischer Brei, zu viel Taktieren, nicht nur auf Seiten der Politik. Es ist ein gesamtgesellschaftliches Problem. Wir eiern nur noch herum, haben keinen festen Boden unter den Füßen, kein gemeinsames Dach über dem Kopf. Wir lösen uns auf.

Ein moralischer Appell von höchster Bedeutung. Denn alles gerät in Unordnung, wenn nicht vor allem die Mitglieder der Obrigkeit mit äußerster Konsequenz dem Gemeinwohl Priorität einräumen. Mit größtem Pflichtbewusstsein ist sogar dafür zu sorgen, dass nicht einmal der Verdacht einer Verfolgung persönlicher Interessen entsteht, sei die Versuchung auch noch so groß. Wer darüber nachdenkt, sein Amt in dieser Weise zu missbrauchen, dem fehlt von vornherein das charakterliche Format für höhere Aufgaben.

Staat
Harmonie

Zeit
Politik
Staat

»Wir reisten hinweg aus dem großen Deutschland, aus der großen Stadt und Schule, wo sie alles so unendlich ernst nahmen, wo jede Einzelheit wichtig war.«

Sándor Márai (1900–1989)
in »Bekenntnisse eines Bürgers«

»Aber da gibt es in jeder Krankheit viele Tage, da der Arzt nichts tun kann als abwarten. Und das ist es, was Sie, soweit Sie Ihr Arzt sind, jetzt vor allem tun müssen.«

Rainer Maria Rilke (1875–1926)
in »Briefe an einen jungen Dichter«

Fühlen wir uns erkannt? Hat er recht, der bedeutende ungarische Schriftsteller? Nehmen wir alles unendlich ernst? Sind wir detailversessen? Man kann Márai wohl nicht widersprechen. Verglichen mit manch anderer Nation fehlt uns die Leichtigkeit. Wir neigen zum Philosophieren, Verallgemeinern. Deutschland bildet einen Humus für Ideologen und Prinzipienreiter, eine permanente Gefahr für Übertreibungen. Was uns traditionell fehlt, ist das rechte Maß. Zur unheiligen Allianz wird dies, wenn es sich dann auch noch mit missionarischem Eifer verbindet. Davon sind wir sicher nicht freizusprechen.

Deutschland
Ernst

Geduld – in der hektischen Zivilisation eine etwas verkümmernde Tugend. Unsere Welt ist geprägt vom Glauben an Erfolge von Wissenschaft und Technik. Der gut ausgebildete Arzt plus Apparatemedizin: Das suggeriert »Machbarkeit«, der Arzt macht gesund. Wenn nicht, hat er wohl etwas falsch gemacht. Medizin und Pharmazie tragen durch immer anspruchsvollere naturwissenschaftliche Maßstäbe zu dieser Einschätzung bei. Jedoch: Medizin ist keine Hexerei. Geduldiges Abwarten ist oft Teil vernünftiger Therapie.

Krankheit
Arzt

»Mag ich mir auch den Kopf anstoßen, mich selbst oft irren und manchmal Unrecht haben – das alles hat seine Grenze – im Grunde habe ich jedoch nicht Unrecht.«

Vincent van Gogh (1853–1890)
in »Feuer der Seele«

Das mag abgehoben klingen – und doch wird große Kunst nicht entstehen, wenn der Kunstschaffende nicht von solcher Überzeugung getragen ist, seien es Schriftsteller, Maler oder Komponist. Ja, im Grunde gilt dies überall, wo Großes, Bedeutendes erstrebt wird. Vertrauen in den eigenen Kompass ist Voraussetzung für schöpferische Kraft, sowie für die Ausdauer, deren es bedarf, wenn das Werk nicht im Durchschnittlichen stecken bleiben soll.

Malerei

»Das Recht auf Antwort nur gibt Recht zur Frage.«

Franz Grillparzer (1791–1872)
in »Libussa«

Was also darf man fragen? Ein wichtiger Punkt in jeglicher Kommunikation. Es geht um Respekt, Distanz, Diskretion, Dezenz. Könnte die Frage für den anderen peinlich sein? Bohrt man sogar in ein Geheimnis? Geht einen der Gegenstand der Frage überhaupt etwas an? Und was treibt einen, die Gesetze des Angemessenen zu überschreiten? Vorteilsabsicht? Neugier? Möchte man den anderen gar verletzen? Die Gesetze der Tugend verlangen, dass beim Fragen Zurückhaltung durchaus geboten ist.

Fragerecht

»Mein Platz ist zu schlecht für mich. Immerhin, weit besser, als wenn ich zu schlecht für meine Stelle wäre.«

Friedrich von Schiller (1759–1805)
in »Der Parasit«

»Nur die eine Art des Genusses ist die wahre: Sie besteht in der aufmerksamsten Beobachtung der Töne und ihrer Fortschreibungen; in der völligen Hingebung der Seele in diesen fortreißenden Strom der Empfindungen; in der Entfernung von jedem störenden Gedanken.«

Wilhelm Heinrich Wackenroder
(1773–1798)

Es wäre interessant zu erfahren, wer mit seiner Arbeitsstelle zufrieden ist und wer sich für unter Wert verkauft fühlt. Da Eigeneinschätzung und Fremdurteil bisweilen auseinanderklaffen, dürfte der Anteil derer, die sich zu Höherem als dem Gegebenen berufen fühlen, groß sein. Eine Medaille mit zwei Seiten: Unzufriedenheit ist eine belastende, ja oft gesundheitsgefährdende Befindlichkeit, zugleich kann sie der Antrieb zu besserer Leistung und damit zu Aufstieg sein. Es ist so schwierig, den richtigen Weg zu finden. Nirgendwo zeigt sich eine verlässliche Richtschnur. Das Leben ist ein einziges Abenteuer.

Mensch
Eigeneinschätzung

In der Tat. Wer gehetzt im Konzertsaal ankommt, wer in Gedanken noch bei den Ereignissen des Tages ist, wer nicht bereit oder imstande ist, sich in das Geschehen auf dem Podium zu versenken, dem werden die Klänge nicht zu Herzen gehen und der wird die göttliche Botschaft der Musik, was auch immer sie uns mitteilen will, nicht empfangen.

Musik

»Das Schicksal des Staates hängt vom Zustand der Familien ab.«

Alexandre Vinet (1797–1847)
in »Erziehung, Familie und Gesellschaft«

In der Tat ist die Familie eine, wenn nicht die wichtigste Säule des großen Ganzen. Herrschen in dieser kleinen Zelle Egoismen, Lieblosigkeit, Unmoral oder Streit, zerfällt die Einheit. Jeder für sich, nur noch eine atomistische Form des Zusammenlebens, die man nicht mehr Gemeinschaft nennen kann. Heute ist viel von Immobilien die Rede, ihrer Lage, Größe, Ausstattung und Statik. Aber das ist nur die äußere Seite. Wie steht es mit der Statik im Innern, mit der familiären Tragfähigkeit? Sind die Menschen willens und imstande, den inneren Bau zu stützen? Ist ihnen klar, dass das große Gebilde des Staates nur Halt findet, wenn es sich auf eine Stabilität der kleinen Gemeinschaft gründet?

Familie
Staat

»Es gehört viel Kraft dazu, Gefühle zu zeigen, die ins Lächerliche gezogen werden können.«

Madame de Staël (1766–1817)

Was würde Madame erst sagen, wenn sie unser Zeitalter erlebte, in dem viele den Wert einer Person danach bemessen, wie »cool« jemand ist? Dabei macht der oder die Coole, wenn der Schein von Gefühllosigkeit geweckt werden soll, den anderen doch nur etwas vor. Denn oft sind es genau die Coolen, die in bestimmten Situationen zeigen, wie hochemotional, oft sogar extrem sie zu reagieren pflegen. Der Mensch besitzt nun einmal Gefühle und Leidenschaften. Wer sich also cool gibt, möchte sein Umfeld über sein wahres Wesen täuschen, und das – da hat Madame de Staël ganz Recht – meistens aus Unsicherheit oder Schwäche.

Gefühle
Mut

»*Das wenigste ist, was wir sehen; wir leben auf Treu und Glauben.*«

Baltasar Gracián (1601–1658)
in »Handorakel und Kunst der Weltklugheit«

»*Wir müssen zu unseren Ansichten stehen und es riskieren, um ihretwillen zu Fall zu kommen.*«

Katherine Mansfield (1888–1923)

Und das tun wir eigentlich in jedem Moment, denn immer haben wir Zukunft vor uns, die wir nicht kennen. Ob wir eine neue Arbeitsstelle antreten, einen Vertrag schließen, einen Gebrauchtwagen kaufen, eine Reise antreten oder eine Beziehung eingehen: Nie wissen wir, was daraus entsteht, ja überhaupt kann der Mensch zu keinem Zeitpunkt sagen, was im nächsten Augenblick geschehen wird. Stets bewegen wir uns im Ungewissen. Auf solch schwankendem Grund könnten wir das Leben überhaupt nicht bewältigen, wenn wir nicht ständig bewusst oder unbewusst Vertrauensvorschüsse leisten würden.

Treu und Glauben
Vertrauen

Ob der neuseeländisch-britischen Autorin bewusst war, dass ihre Weisheit das Fundament der Demokratie bildet? Was ist nämlich deren Entscheidendes? Es stellen sich Kandidaten mit ihrem Programm zur Wahl, und die Wähler entscheiden in Freiheit, wem sie den Vorzug geben. Das Ganze funktioniert jedoch nicht, wenn die Kandidaten anders denken, als sie reden, wenn sie ihre wahren Meinungen verstecken. Dann werden die Wähler getäuscht, und ihr Votum gründet sich auf Lügen. Legt man Mansfields Forderung als Maßstab an die hohe Politik an, ist Ernüchterung eine häufige Folge.

Meinungsfestigkeit

»Das Wort Zufall ist Gotteslästerung. Nichts unter der Sonne ist Zufall.«

Gotthold Ephraim Lessing (1729–1781) in »Emilia Galotti«

»Ganz bin ich nur, was ich bin, wenn ich schaffe.«

Richard Wagner (1813–1883) in einem Brief an Otto Wesendonck

Es kann so sein, und ein ganzes Leben lässt sich darauf bauen. Aber was macht Lessing so sicher? Jean Paul Sartre hält dagegen: »Der Mensch ist zur Freiheit verurteilt.« Und er schließt daraus, dass der Mensch für sein Tun verantwortlich sei. In der Mitte steht Friedrich Hebbel, wenn er in seinen Tagebüchern schreibt: »Der Zufall ist ein Rätsel, welches das Schicksal dem Menschen aufgibt.« Da hat er wohl recht. Wir wissen es nicht, können es nicht wissen: Zufall oder göttliche Fügung? Freier oder durch höhere Macht gelenkter Wille? Es bleibt dem Menschen nur übrig, das eine oder das andere zu glauben.

Gott
Zufall

Was meint Wagner? Zu voller Entfaltung seiner individuellen Persönlichkeit komme nur der tätige Mensch. Nur er entdecke und entberge sein Potenzial, also das, was ihm von der Schöpfung an Möglichkeiten mitgegeben wurde. Das bedeutet nicht Verzicht auf Muße und Ruhepausen. Keineswegs. Wer sich jedoch stets passiv oder gar lethargisch verhält, wer sich, obwohl er es könnte, keine Aufgaben stellt, wer sich nicht auf die Suche nach seinem Auftrag begibt, der wird kaum Klarheit über sich selbst gewinnen und droht, unerfüllt zu bleiben.

Arbeit

> »... dass ein Mensch jüngeren oder gar jugendlichen Alters überhaupt keine Vorstellung von der Weise hat, in der alte Leute leben.«
>
> Hermann Hesse (1877–1962)
> in »Mit der Reife wird man jünger«

Umgekehrt schon, denn die Alten haben ja Kindheit und Jugend erlebt, wobei natürlich zuzugeben ist, dass im Laufe von Jahrzehnten vieles vergessen, verdrängt oder verklärt wird. Und warum kann sich die Jugend in Alterserleben nicht hineindenken und -fühlen? Es beginnt schon mit dem Nachlassen der Kräfte im Alter, von dem die jungen Menschen zwar wissen, was für sie selbst jedoch kein Thema ist, denn ihre Kräfte scheinen unerschöpflich. Die Alten betrachten alles auf eigene Weise, weil sie Erfahrungen gemacht haben, zudem, weil in aller Regel feststeht, wo ihr beruflicher Weg geendet hat, sie sich nun ganz andere Ziele setzen und ihnen bewusst ist, dass sie dem Tode schon viel näher gekommen sind.

Jugend
Alter

»Ich betrachte Liebe – wie auch Freundschaft – nicht etwa nur als Gefühl, sondern vor allem als eine Tat.«

Vincent van Gogh (1853–1890) in »Feuer der Seele«

»Alles Vollkommene in seiner Art muss über seine Art hinausgehen, es muss etwas anderes, etwas Unvergleichbares werden.«

Johann Wolfgang von Goethe (1749–1832) in »Die Wahlverwandtschaften«

Vincent van Gogh war nicht nur ein genialer Maler, sondern erweist sich hier auch als weiser Psychologe. Liebe als ein Gefühl: ja, natürlich. Das sieht van Gogh nicht anders. Aber sie ist für ihn viel mehr. Wenn er von »Tat« spricht, dann meint er Liebe auch als Aufgabe. Treues, zuverlässiges Zueinanderstehen – helfen, wo immer nötig, Rücksicht, Geduld, mit- und einfühlen, verzeihen, Kraft spenden, die Partnerin oder den Partner als von einem selbst unterschiedenen, ganz individuellen Menschen respektieren. Dann herrschen nicht nur Emotionen, die oft bald versiegen, sondern es entsteht wirkliche Liebe, die sich – wenn wie beschrieben gelebt-auch noch immer weiter zu entfalten vermag.

Liebe
Freundschaft

Thomas Mann macht uns in seinem Aufsatz »Ibsen und Wagner« deutlich, was Goethe gemeint haben dürfte. Man denke an eine Nachtigall. In manchen Tönen sei sie noch Vogel, dann wachse sie über ihre Klasse hinaus und scheine jedem anderen Vogel andeuten zu wollen, was singen bedeute. Vergleichbares gelte für Richard Wagner und Henrik Ibsen. Sie hätten aus Oper bzw. zivilem Schauspiel etwas Unvergleichliches gemacht. Und unvergleichlich bedeutet für Thomas Mann: Beider perfektionistisch- übersteigendes Schöpfertum habe aus dem Gegebenen das Neue und Ungeahnte entwickelt. Finden wir solches in der Gegenwartskultur?

Vollkommenes

»Vorurteile sterben ganz langsam, und man kann nie sicher sein, dass sie wirklich ganz tot sind.«

Romain Rolland (1866–1944)

»Ihr Städter ... ahnt nicht, was der Fluss ist.«

Guy de Maupassant (1850–1893)
in »Auf dem Wasser«

Eine Dreiviertelwahrheit. Warum keine ganze? Weil der französische Schriftsteller glaubt, Vorurteile könnten durchaus ganz verschwinden. Nein, das können sie nicht, denn Meinungen lassen sich niemals von schon mitgebrachtem Wissen, von Erlebnissen und Erfahrungen trennen. Und alles ist höchst individuell. Jeder Mensch trägt einen einzigartigen, unverwechselbaren Rucksack an geistiger Substanz mit sich. Sie lässt sich nicht abschütteln, ist konstitutiv für die jeweilige Persönlichkeit. So kann man sich zwar stets um einen Erfahrungsfortschritt bemühen, die dann auf geänderter Grundlage gebildeten Urteile wurzeln jedoch wiederum (zumindest auch) in Vorurteilen.

Aber, so der französische Schriftsteller, der Fischer wisse es. Er spüre das Geheimnisvolle, die Tiefe, das Unbekannte, ja auch die Tücke des Flusses. Zur Nachtzeit sehe der Fischer wesenlose Dinge, höre seltsame Laute, er ängstige sich, als wenn man über einen Friedhof gehe. Mythisches Naturerleben: Dem Städter bleibe es meist fremd. Dieser sehe nur Wasser vorbeifließen, über das Wesen des Flusses mache er sich keine Gedanken. Der Fluss dient Maupassant aber nur als Exempel. Dahinter verbirgt sich das generelle Bedauern, dass der moderne Mensch, besonders der Städter, oft keine Sinne mehr für die Beseeltheit der Natur besitzt.

Vorurteil

Stadtleben
Natur

»*Das Höchste lässt sich nicht mit Worten malen.*«

William Shakespeare (1564–1616)
in »Der Raub der Lucretia«

»*(Er) wusste noch nichts von Briefen und von der gefährlichen, weil hinausreichenden Macht, die in ihnen liegen kann.*«

Ernst Wiechert (1887–1950)
in »Die Jeromin-Kinder«

Das sagt ausgerechnet Shakespeare, einer der größten Dichter aller Zeiten. Also muss selbst er, der uns zu immer neuer Bewunderung zwingt, gespürt haben, dass die Ausdrucksmittel des Menschen begrenzt sind, wenn es um das Höchste, also das Göttliche, geht. Es ist weiter, tiefer als alles Gedachte, eben weil es das Höchste, das »Unbeschreibliche« im Goethe'schen Sinne ist. Wem es sich jedoch etwa in der Liebe, der Natur oder in der Musik offenbart, für den ist es fraglos existent. Wo dagegen das Göttliche die Seele nicht berührt, da wird es fremd bleiben.

Gott

Schon so mancher Brief wäre besser nicht geschrieben worden. Gleiches gilt heute für SMS und Mails, die oft noch schneller und unbedachter abgefeuert werden. Gesprochene Worte können sich im Laufe der Zeit verflüchtigen oder werden gar vergessen. Geschriebenes steht unveränderlich, wie in Stein gemeißelt. Wieder und wieder kann es gelesen werden, die Wirkung immer weiter verstärken, Rücknahme durch den Absender nur schwer möglich. Der Pfeil ist abgeschossen, seine Spitze hat getroffen. Schriftliches Gefahrgut daher mehrfach drehen und wenden, bevor man es auf die Reise schickt!

Briefe

»Wie alle Leute, die einen Gegenstand zu erschöpfen streben, erschöpfte er seine Zuschauer.«

Oscar Wilde (1854–1900)
in »Das Bildnis des Dorian Gray«

Man könnte auch sagen: »In der Kürze liegt die Würze.« Manche können einfach nicht aufhören, sei es in geschriebenen Elaboraten, in Vorträgen oder beim Erzählen. Woran liegt das? An der Lust, sich anderen gegenüber zu produzieren oder vielleicht doch an der Unfähigkeit, eine Sache mit möglichst wenigen Worten auf den Punkt zu bringen. »Schade, dass es schon vorbei ist!« Wer solches Echo erzeugt, hat es richtig gemacht.

Redner
Vortrag

»Das Beste im Leben ist, Verständnis für alles Schöne zu haben.«

Menander (342–291 v. Chr.)

Der griechische Komödiendichter sagt uns nicht, was denn das Schöne sei, und wer wäre dazu auch in der Lage? Zu verschieden sind die Vorstellungen, zu sehr auch dem Wandel unterlegen. Aber so viel wird man wohl doch festhalten können: Das Schöne steht für etwas Gesetzmäßiges, für Vollkommenheit. Es erscheint uns in zweckfreiem Glanz, als Ausdruck von Erhabenheit. Und vermag es nicht auch die Gegenwart zu verklären und ein edleres Empfinden in uns zu wecken? Kann es folglich von anderer als von göttlicher Quelle sein?

Das Schöne

»Ist Zutraun blind, sieht Argwohn leicht zu viel.«

Franz Grillparzer (1791–1872)
in »Des Meeres und der Liebe Wellen«

Nicht zu beneiden, in wessen Hirn sich steter Argwohn eingenistet hat. Es ist ein in der Tiefe der Seele angesiedeltes Gefühl, das nagt, ein Element der Grundbefindlichkeit noch vor dem Verdacht, welcher sich schon auf konkrete Gründe stützt. Wie soll ein von permanentem Argwohn befallener Mensch Freundschaft schließen, ja, wie soll er lieben können? Jeder und alles wird mit negativem Vorbehalt betrachtet, weshalb sich der argwöhnische Mensch anderen gegenüber auch nicht wirklich zu öffnen vermag. Glück lässt sich so beim besten Willen nicht finden.

Argwohn
Vertrauen

»Wer klein spielt, hat immer Freude, auch am kleinen Gewinn, und der kleine Verlust ist zu verschmerzen.«

Johann Wolfgang von Goethe
(1749–1832)
in »Die Geschwister«

Wieder einmal geht es um das rechte Maß und damit um die Klugheit, den richtigen Weg zum Glück zu finden. Nicht zu hoch pokern, nicht irreale Ziele setzen, lieber geerdet bleiben, wo auch immer: bei den Finanzen, der Karriere oder den Ansprüchen an das Privatleben. Große Schritte tun zu wollen, birgt das Risiko, tief zu fallen, zu scheitern, ins Unglück zu stürzen. Das bedeutet jedoch nicht, fernere Ziele ganz auszublenden, sondern in jedem Moment Augenmaß zu bewahren, Geduld zu üben und sich – so meint es Goethe – schon am kleinen Gewinn, also am bescheidenen Fortschritt zu erfreuen.

Augenmaß
Klugheit

»Ich hatte nie etwas übrig für Ehepaare, die einander als Kameraden nach der Scheidung noch gemütlich begegnen, mitsammen zu Abend essen, auf trautem Fuß stehen und gute Freunde bleiben.«

Sándor Márai (1900–1989)
in » Die Nacht vor der Scheidung«

Um Missverständnissen vorzubeugen: Der ungarische Autor sagt nicht, dass es Freundschaft zwischen Ex-Eheleuten nicht gebe, sondern nur, dass er nicht viel davon halte. Welche Gründe mögen ihn bewegen? Es ist wohl das Wissen der Partner, als Eheleute gescheitert zu sein und den auf Liebe gegründeten Lebensbund nicht erhalten zu haben. Márai meint, dass dies immer als ein Verlust, als eine Niederlage empfunden werde und es deshalb großer Kraftanstrengung bedürfen müsste, um auf dieser neuen, emotional ganz anderen Ebene dennoch weiter kommunizieren zu können. Wer die Werke von Márais kennt, kann davon ausgehen, dass er nicht daran glaubt, es sei die große Liebe gewesen, wenn sich der Ehe ein Kapitel freundschaftlicher Beziehungen anzuschließen vermag. Das jedoch wird jeder auf seine Weise bewerten.

Ehe
Scheidung

»Glücklich, wer den Fehlschluss von seinen Wünschen auf seine Kräfte bald gewahr wird.«

Johann Wolfgang von Goethe
(1749–1832)
in »Wilhelm Meisters Lehrjahre«

Die Gefahr von Fehlinvestitionen – darum geht es. Viele Menschen verfolgen lange Jahre einen Traum und opfern Energien, um doch irgendwann zu erkennen, dass alles vergebens war, dass ein sorgfältigeres Hineinleuchten in die eigenen Talente und Möglichkeiten den Irrweg hätte verhindern können. Aber leicht gesagt! Wo sind denn die Grenzen, die einem gesetzt sind? Und gibt es nicht auch immer wieder erstaunliche Entwicklungen der Fähigkeiten? Und kommt einem manchmal nicht auch ein günstiges Geschick zu Hilfe, das plötzlich einen Weg zum Erfolg ebnet? Allerdings: Vor wirklich illusionären Traumtänzereien möge sich ein jeder durch realistische Selbsteinschätzung bewahren.

Wünsche
Irrtum

»Was unsere Epoche kennzeichnet, ist die Angst, für dumm zu gelten, wenn man etwas lobt, und die Gewissheit, für gescheit zu gelten, wenn man etwas tadelt.«

Jean Cocteau (1889–1963)

Das hat an Aktualität nichts eingebüßt. Es gilt für viele Kritiker, Lehrer, Vorgesetzte, ja, auch im privatesten Kreis findet sich oft jemand, der geradezu begierig nach dem Haar in der Suppe sucht. Andernfalls könnte man ja als unwissend, oberflächlich, eben gar als dumm gelten. Das jedoch ist eine nicht ungefährliche Haltung. Nichts gegen das Einsetzen von Intellekt und genaueres Beleuchten, wovon auch immer. Aber man sollte die Kirche im Dorf lassen. Zum einen bringt man sich oft selbst um den Genuss, wie zum Beispiel bei einem Konzert, zudem verdirbt man anderen die Stimmung, so etwa in einer harmonischen Runde, wenn man es mit seiner Krittelei, ja, nicht selten Besserwisserei, übertreibt.

Lob
Tadel

»Wir begegneten einander, wie zwei Bäche, die vom Berg rollen.«

Friedrich Hölderlin (1770–1843)
in »Hyperion«

Ein kurzer Satz und doch große Dichtung. Es ist nicht nur das fantasievolle Naturbild von den beiden Bächen, die sich vereinen. Es sind die Korrektheit deutscher Hochsprache und das feine Gespür Hölderlins für den Klang, Ausdruck findend in dem Wort »einander«. Ein so schönes Wort, das leider dem Vergessen anheimfällt, wie manches andere bewährte Wort auch, wie etwa Liebreiz, Labsal, Geschick, Fehde oder Obhut. Unsere Sprache verflacht und das eben oft auch auf Kosten der Korrektheit. »Hans und Lotte lieben sich.« Das ist falsch, wenn nicht gemeint ist, dass sie sich selbst lieben. Richtig müsste es heißen: »Hans und Lotte lieben einander.« Und klingt dies nicht auch viel schöner?

Liebe

»Die Dahingegangenen bleiben mit dem Wesentlichen, womit sie auf uns gewirkt haben, mit uns lebendig, solange wir selber leben.«

Hermann Hesse (1877–1962)
in »Mit der Reife wird man jünger«

»Die Freiheit ist immer in der Defensive und daher in Gefahr. Wo die Gefahr in einer Bevölkerung nicht mehr gespürt wird, ist die Freiheit fast schon verloren.«

Karl Jaspers (1883–1969)

Sie bleiben also ein Teil von uns, hinterlassen ihre Spuren, die uns weiter berühren oder gar prägen. Dies bedeutet Trost und Verantwortung zugleich. Man entschwindet, wo Erinnerungen wachgehalten werden, mit dem letzten Atemzug nicht gänzlich, jedoch kann das Bild, das man von sich zurücklässt, auch ein Ungutes sein. Hesse verweist in seinem oben genannten Buch zutreffend darauf, dass die Kommunikation mit Verstorbenen oft intensiver sei als mit Lebenden. Nicht selten führten wir mit Ersteren fruchtbarere Gespräche, ja, könnten uns besser mit ihnen beraten, als das zu ihren Lebzeiten der Fall war. Sie verstummen also nicht.

Dass wir den Verlust der Freiheit nicht mehr als Gefahr erkennen, ist für den Philosophen Karl Jaspers das Alarmzeichen. Und damit sind wir bei einem der größten Probleme unserer Gegenwart. Ein Dreivierteljahrhundert Freiheit: Nicht nur für die Jugend erscheint sie da selbstverständlich. An Warnungen klar denkender Geister hat es allerdings nicht gefehlt. Nun geschehen jedoch Dinge, die uns alle wachrütteln. Freiheit ist immer fragil, wenn man schläfrig wird. Böse Kräfte stoßen in jedes Vakuum, das sich ihnen bietet. Und das Böse lauert immer.

Freiheit

Tod
Erinnerung

»Die Menschen verkommen, wenn sie kein Feierkleid anziehen.«

Thomas Carlyle (1795–1881)

»Rede, damit ich Dich sehe!«

Sokrates (470–399 v. Chr.)

Bei dieser Weisheit fliegt der erste Gedanke auf die Garderobe des gegenwärtigen Konzert- und Opernpublikums. Carlyle, der schottische Schriftsteller und Philosoph, würde seinen Augen nicht trauen: Münchner Philharmoniker mit Bruckner, große Oper im Nationaltheater, festliche Kammermusik im Nymphenburger Schloss, aber viele Gäste scheinen direkt von der Gartenarbeit oder einer Bergtour zu kommen. Kunsterleben wird so in den nüchternen Alltag eingereiht, man dokumentiert weder sich noch den anderen, dass man etwas Besonderes erleben möchte, dass man seine Sinne und Seele ausrichtet auf Geistiges von Rang, ja auf Erhabenes. Und dann diese Diskrepanz: Die Musiker festlich gekleidet, oft gar im Frack. Vom Publikum derart despektierlich behandelt, sollten sie den Spieß einmal umdrehen und selbst im Freizeitlook erscheinen.

Konzert, Theater, Kleidung

»Reden ist Silber, Schweigen ist Gold.« Es sind natürlich viele Situationen vorstellbar, in denen es weiser ist zu schweigen als zu reden. Ein falsches Wort lässt sich oft nicht mehr einfangen oder zurücknehmen. Aber zu viel Schweigen – vor allem in einer Beziehung? Da lässt sich der Partner nicht ergründen. Mag auch jeder Mensch trotz intensiver Kommunikation in gewisser Weise ein Mysterium bleiben, so möchte man den Partner doch verstehen, möchte wissen, mit wem man es eigentlich zu tun hat, ganz abgesehen davon, dass übertriebene Stille in einer Beziehung zu Leere und Langeweile führt. Es sind ja der Gedankenaustausch und die vielfältigen wechselseitigen Anregungen, die Lebendigkeit und Würze erst schaffen.

Gespräch
Partnerschaft

»Wenn du wünschst, dass ein anderer dein Geheimnis bewahre, dann bewahre es zuerst selbst.«

Seneca (65 n. Chr.), römischer Philosoph, Dramatiker und Politiker

»Ich besitze nicht die Kunst, für jemand klar zu sein, der nicht aufmerksam sein will.«

Jean-Jacques Rousseau (1712–1778) in »Der Gesellschaftsvertrag III«

Wenn Seneca dies so grundsätzlich empfiehlt, scheint er schlechthin nicht an eine feste Vertrauensbasis für die Bewahrung von Geheimnissen zu glauben. In der Tat führt das Anvertrauen eines Geheimnisses immer zu einer unsicheren Situation mit risikobehaftetem Ausgang. Bewahrt der andere es nicht, kann der Vertrauensgeber viel verlieren, Schaden oder Verletzung drohen. Aber kann man so leben? Immer Zurückhaltung üben? Nie jemanden in ein Geheimnis einbinden? Solche Haltung isoliert, schafft Fremdheit. Natürlich ist Vorsicht geboten, die ja oft auch einer rechtlich oder moralisch geschuldeten Pflicht entspricht. Aber es sind genügend Fälle denkbar, wo die Einbeziehung eines anderen in ein Geheimnis Nähe, Zusammenhalt und menschliches Miteinander schafft.

Das würde wohl jeder schöpferische Mensch unterschreiben: Autoren, Maler oder Komponisten. Sie alle, die auf je eigene Weise anderen etwas Geistiges vermitteln möchten, hoffen auf Leser, Betrachter oder Hörer, die sich dem Gebotenen mit Aufmerksamkeit widmen. Zustimmung wird gar nicht unbedingt erwartet, zumindest aber der Wille, dass der Gegenstand mit Aufnahmebereitschaft und redlicher Ernsthaftigkeit verinnerlicht wird. Es ist jedermanns gutes Recht, oberflächlich über etwas hinwegzuhuschen, aber dann sollte man sich um der Gerechtigkeit willen gegenüber dem, der das geschaffen hat, eines Urteils enthalten.

Zuhören

Geheimnis

»Erinnerung ist eine Form der Begegnung.«

Khalil Gibran (1883–1931)

… mit einem Ereignis, einer Erfahrung oder einer Person. Die Erinnerung kann spontan erfolgen durch irgendeine Assoziation, aber auch durch eigenen, aktiven Impuls. Man möchte sich erinnern, Letzteres in Zeiten unerfreulichster Nachrichten manchmal eine hilfreiche Methode, sich abzulenken. Das gleicht dann einem Kopfkino, bei dem man auch noch die freie Auswahl aus einem unendlichen Programmangebot hat. Bezaubernde Landschaften, Urlaubsfreuden, Feste und Feiern, erhellende oder harmonische Gespräche, freundschaftliche Nähe, Begegnungen mit erhebender Kultur usw. Hier sind der Fantasie wirklich keine Grenzen gesetzt. Einfach mal die Augen schließen und vergangene Herrlichkeiten zurückrufen und noch einmal genießen.

Erinnerung

»Gerecht sein gegen sich und andere, das ist das Schwerste auf der weiten Welt.«

Franz Grillparzer (1791–1872)
in »Libussa«

Mit dieser Schwierigkeit ist man eigentlich täglich in Berührung, oft gar nicht bewusst. Wie schnell urteilt man doch ungerecht, im bloßen Denken, in seinen Äußerungen. Verwunderlich ist das nicht, denn über Werte lässt sich trefflich streiten, zudem können die Ausgangssituationen und Blickwinkel sehr verschieden sein, vor allem kennt man die betreffende Person oder den Sachverhalt häufig zu wenig. Uns ist immer nur ein Ausschnitt der Wirklichkeit verfügbar. Kann man daher überhaupt irgendjemand ganz gerecht werden? Eher nicht. Es bleibt wohl nur das aufrichtige Bemühen.

Gerechtigkeit

»Man kann sehr wohl in einer Geschichte sein, ohne sie zu verstehen.«

Thomas Mann (1875–1955)
in »Joseph und seine Brüder«

»Wenn zwei alte Leute einander treffen, sollten sie nicht bloß ihre Leiden und Ärgernisse austauschen, sondern auch ihre heiteren und tröstlichen Erlebnisse und Erfahrungen.«

Hermann Hesse (1877–1962)
in »Mit der Reife wird man jünger«

Der Mensch bildet sich ein zu wissen, wie es um ihn bestellt ist. Und doch ist man vielleicht eine Figur in einem Geschehen, das man nicht durchschaut oder überhaupt nicht im Blick hat. Es gibt ja nicht nur die eigene Perspektive, sondern jeder besitzt umgekehrt für die anderen eine konkrete Funktion. So hat der Chef eines Unternehmens eine bestimmte Sicht auf seinen Betrieb. Das ist seine Geschichte. Seine Mitarbeiter, mögen sie sich noch so mit dem Unternehmen identifizieren, erleben alles aus einem anderen Blickwinkel. Das ist dann ihre Geschichte und der Chef Teil von ihr. Aber vielleicht denkt Thomas Mann sogar an eine viel größere Dimension, dass uns die höheren Mächte für unser Leben eine Rolle zugewiesen haben, die wir überhaupt nicht begreifen.

Manchmal leicht gesagt, denn die Themen verändern sich im Laufe eines Lebens, und im Alter spielt die nachlassende Gesundheit nun einmal eine immer größere Rolle. Aber Hesse formuliert ja auch als Appell, vermutlich sogar aus eigener, leidvoller Erfahrung. Wenn sich der Körper auf zunehmend unangenehme Weise bemerkbar macht, kann es zwar ein Trost sein, dass man damit nicht allein ist. Aber man sollte das Heitere und Erfreuliche, das man erlebt hat, nicht aus den Augen verlieren und darüber auch reden. Das relativiert die aktuellen Beschwernisse und spendet Kraft.

Alter

Mensch
Rolle

»›Hätte‹ und ›wäre‹ sind die grammatikalischen Formen unserer unfruchtbarsten Reue.«

Franz Werfel (1890–1945)
in »Der veruntreute Himmel«

»Abends, dachte er, lieg ich auf alle Fälle, sie mögen mich den ganzen Tag zwicken und hetzen, wie sie wollen, unter meiner warmen Zudeck und drücke die Nase ruhig ans Kopfkissen, acht Stunden lang.«

Jean Paul (1763–1825)
in »Leben des vergnügten Schulmeisterlein Maria Wuz in Auenthal«

Mit nur zehn Wörtern bringt Werfel einen der wichtigsten Aspekte unseres Daseins auf den Punkt: das Versäumnis. Man hat nicht geübt, eine Arbeit nicht getan, den Mut nicht gehabt, eine Chance nicht ergriffen, einen Moment nicht aufgepasst. »Hätte, hätte!« Wie oft sagt man dies doch im Leben! Aber die eigentliche Pointe bei Werfel liegt in den Worten »unfruchtbarste Reue«. Das Hätte, der bedauernde Rückblick, das Hadern und Jammern: Fruchtlos sei es, ja wohl auch ein Zeichen von Schwäche, wenn nicht Resignation. Man darf die Worte Werfels wohl auch als einen Appell verstehen, lieber kraftvoll nach vorne zu schauen.

Das Bett – multifunktional, seligmachendes Refugium. Rückzug, Wegtauchen, den Tag mit seinen Pflichten und Ärgernissen hinter sich lassen. Die Bettdecke und das Dunkel der Nacht: Glücklich und weise, wer sie als schützend und erstarkend erlebt, anstatt die Unbill des Tages mit in den Schlaf zu nehmen, der dann nur umso länger auf sich warten lässt.

Nachtgedanken

Konjunktiv

»Sich langweilen heißt den Tod küssen.«

Ramón Gómez de la Serna (1888–1963)

Ein starker Satz! Übertreibt der spanische Schriftsteller? Als Ursachen von Langeweile gelten vor allem Nichtstun oder monotone, unterfordernde Arbeit. Im Gegensatz zur Muße also ein unangenehmes Gefühl. Aber es geht um Schlimmeres. Der Philosoph Martin Heidegger spricht von »schweigendem Nebel«, der alles in eine Gleichgültigkeit rücke, bis zur Form der anonymen Langeweile, deren Grund nicht mehr identifizierbar sei. Heideggers französischer Kollege Blaise Pascal beschreibt die Langeweile als etwas Unerträgliches. Es fehlten Beschäftigung, Leidenschaft, Zerstreuung, es machten sich Gefühle von Ohnmacht und Unzulänglichkeit breit, aus der Tiefe der Seele stiegen Schwärze, Traurigkeit und Verzweiflung auf. Der Dichter Charles Baudelaire sieht in der Langeweile eine regelrechte »Entfremdung gegenüber dem Dasein«. Und die Moral davon? Etwas tun, etwas Sinnvolles tun, etwas, das anregt, möglichst sogar erfüllt.

Langeweile
Tod

»Kein Genuss ist vorübergehend, denn der Eindruck, den er zurücklässt, ist bleibend.«

Johann Wolfgang von Goethe (1749–1832)
in »Wilhelm Meisters Lehrjahre«

Eindrücke von Gewicht hinterlassen nun einmal Spuren. Im Negativen können es eine unangenehme Schulzeit, ein Unglücksfall oder eine Krankheit sein. Trost liefert aber die von Goethe angesprochene Kehrseite: der bleibende Eindruck auch von Genuss. Zwar enden ein erholsamer Urlaub, ein rauschendes Fest oder auch ein erbauliches Konzert. Aber man kann noch lange davon zehren, manchmal bis zum Ende seines Lebens. Denn unser Geist besitzt die Gabe, das Genossene durch das Erinnern zurückzurufen und damit in gewisser Weise immer wieder neu zu erfahren.

Genuss

»Ich hatte ein Geheimnis, und dieses Geheimnis gab dem Leben Halt und Spannung zugleich.«

Sándor Márai (1900–1989)
in »Wandlungen einer Ehe«

»So einer ist aber auch eine lebendige Predigt für die übermütige Jugend, ob welcher sie lernen mag das Ende, welches zumeist dem Übermut gesetzet ist.«

Jeremias Gotthelf (1797–1854)
in »Elsi, die seltsame Magd«

»Unsinn«, was der ungarische Autor da schreibt, wird mancher spontan rufen. In der Tat muss man dreimal über diesen Satz nachdenken, um ihm dann vielleicht doch etwas abzugewinnen. Wer meint, gar kein Geheimnis zu haben und dennoch erfüllt zu leben: Klar, so kann man denken und fühlen. Aber wer ist schon ganz ohne Geheimnis? Es muss ja nichts Verwerfliches sein. Man denke zum Beispiel an einen tiefen Wunsch, den man niemandem offenbart, der jedoch einen Orientierungspunkt liefert, dem man zustrebt, ein Sehnen, das, wie Márai schreibt, Spannkraft und Festigkeit verleiht, und das, gerade weil man es in sich verschließt.

Leben
Geheimnis

Der Schweizer Schriftsteller preist hier jene, die dem Übermut und der Selbstüberschätzung der Jugend Grenzen setzen. Gotthelf würde sich wundern, wie wenig heute dem Vorwärtsgalopp der jungen Menschen die Erfahrung Erwachsener entgegengehalten wird. Eltern erlauben zu früh zu viel, manchmal aus Überzeugung, aber auch aus Bequemlichkeit und Furcht vor Konflikten. In diesen geistigen Rahmen passen auch die staatlichen Entscheidungen bzw. Pläne wie die Reduzierung des Wahlalters auf 16 oder die Ausreichung von Führerscheinen an immer Jüngere. Die Erwachsenen müssen sich wieder mehr ihrer Verantwortung für die Jugend bewusst sein

Jugend
Übermut

»Der Mensch wird in solchen Zeiten auf einen gewissen Naturzustand herabgedrückt.«

Theodor Fontane (1819–1898)

in »Kriegsgefangen«

»Solche Zeiten« – für Fontane war es der Deutsch- Französische Krieg 1870/71, den er als Kriegsberichterstatter, zeitweilig auch als Gefangener, erlebte. In seinen Schilderungen erweist er sich als Meister des Realismus. »Naturzustand« – ja, ein Krieg drückt den Mensch auf Elementares nieder. Aber ist unsere heutige Situation nicht auch eine, in der wir gezwungen werden, auf elementare Güter zu verzichten, Güter, die unsere menschliche Natur berühren? Leben, Gesundheit, Bewegungsfreiheit, Freiheit der Kontakte. Aktuell bekommt in der Tat viel Fundamentales wieder Gewicht, so wie wir es uns vor gut zwei Jahren noch überhaupt nicht haben vorstellen können. Und das zieht auch noch anderes nach sich: Ängste, Depressionen, Konflikte in engsten Zirkeln. Die Erde wird wieder einmal so richtig durchgerüttelt.

Krieg
Mensch
Pandemie

»Über ihnen beiden waltete schon das ewige Gesetz, das die Missverständnisse zwischen den Geschlechtern regelt.«

Joseph Roth (1894–1939)

in »Der stumme Prophet«

Wirklich ein ewiges Gesetz? Das verlangt Unterschiede. Klar: Die der Körper sind evident. Aber im Übrigen? Früher hätte man gesagt: Das Weib steht für Mutterschaft, Haus, Liebreiz und Anmut, der Mann für Beruf, Kraft und Stärke. Doch infolge der Emanzipation der Frau fanden wesentliche Veränderungen statt, bei Letzterer in Beruf, Selbstverständnis, Selbstbewusstsein und auch im Recht, Veränderungen aber auch beim Mann. Eine Einebnung traditioneller geschlechtlicher Spezifika findet statt, mit Folgen auch für die männlichen und weiblichen Tugenden. Sterben die Dame und der Kavalier aus? »Darf ich Ihnen aus dem Mantel helfen?« »Nein danke, das kann ich selbst!« Die Missverständnisse, die Joseph Roth noch im Blick hatte, wurzeln heute weniger denn je im Geschlechtlichen. »Schade«, sagen die einen, »gut so«, die anderen.

Geschlechterrollen

»Nicht jede Wolk
erzeugt ein Ungewitter!«

William Shakespeare (1564–1616)
in »König Heinrich VI.«

»Oaner is a Mensch, mehra sein's
Leut, viel sein's schon Viecher.«

Peter Rosegger (1843–1918)
in »Das Sünderglöckl«

Das macht doch Mut. Zwar hält Martin Heidegger die Sorge für eine allgemeinmenschliche Daseinsbefindlichkeit, weil sich der Mensch immer wieder an einem Abgrund sähe. Und es sind ja bekanntlich auch die Deutschen, die als besonders sorgenvoll gelten. Umso wichtiger ist es dann aber, eine Weisheit wie die obige zu verinnerlichen und eine optimistische Grundhaltung zu bewahren. »Et hätt noch immer jot jejange«, frohlocken die Kölner. Das stimmt leider nicht immer, aber der Mensch muss schon aufpassen, dass Sorge oder sogar unbestimmte Angst sich seiner nicht auf pathologische Weise bemächtigt. Wer daher die Festtage zum Entspannen nutzt, schafft Voraussetzungen dafür, die Welt in hellerem Licht zu schauen.

Sorge
Festtage

Auf unsere Zeit übertragen, kann man sich schon die eine oder andere größere Menschenansammlung vorstellen, die durchaus von Verrohung gezeichnet ist, sei es bei Demonstrationen, Sportveranstaltungen oder Popkonzerten, bei Saufgelagen ohnehin. Merkwürdig, dass die größere Gruppe das Potenzial für Mutationen des Einzelnen birgt. So mancher, der im Alltag friedlich und gesittet auftritt, zeigt sich in der Masse plötzlich von einer ungeahnt groben Seite. Der psychologischen Deutung bietet sich hier ein weites Feld. Der wirklich zivilisierte und kultivierte Mensch bewahrt bei allem Temperament und aller Leidenschaft doch immer noch eine gewisse Contenance.

Mensch
Benehmen

»Die fremde Sprache eines ausländischen Liedes ist so wohltuend geheimnisvoll.«

Maurice de Vlaminck (1876–1958)
in »Gefährliche Wende«

»Ohne Groll muss man leben, das ist die Sache.«

Ernst Wiechert (1887–1950)
in »Die Jeromin Kinder«

Diese Erfahrung des französischen Fauvisten hat sicher schon mancher gemacht. Nehmen wir als Beispiel die Oper oder einen Popsong. Im Original singt Carmen »L'amour est un oiseau rebelle«. Wie viel poetischer klingt das als »Die Liebe ist ein widerspenstiger Vogel«. Oder »Raindrops keep falling on my head« – die Regentropfen, die ständig auf meinen Kopf fallen, mögen nicht gerade in Stimmung versetzen. Die fremde Sprache ist eben nicht Teil unseres gewohnten Alltags, sie wurzelt in einer anderen Welt. Manchmal liegt das Geheimnis auch darin, dass man den fremdsprachigen Text nicht versteht und Sprache zum bloßen Klang wird. Vielleicht ist das dann auch gut so, denn sollte sich ein platter Text erschließen, könnte es um den Zauber auch der Musik schnell geschehen sein.

Lied
Sprache

Natürlich hat das Grollen oft einen triftigen Grund: Ungerechtigkeit, Beleidigung, Missachtung oder Rücksichtslosigkeit durch einen anderen. Aber mit solchem unterschwelligen Grimm, der immer wieder heimlich und leise aufsteigt, tut man sich selbst keinen Gefallen, eher dem anderen, zum Beispiel einem Nachbarn, der in seiner Unsensibilität gar nicht wahrnimmt, wie er nervt. Verborgene Feindschaft zehrt, aufgestauter Zorn macht krank. Wer um seines Lebensglücks willen nach reiner Luft strebt, sollte fragen, ob er nicht selbst die Ursache des Verdrusses ist, oder einen ersten Schritt auf den anderen zugehen. Hilft auch das nicht, möglichst das ganze Thema im eigenen Kopf löschen.

Grimm
Groll

»*Erinnere mich daran, dass ich Dich nicht vergessen darf.*«

Žarko Petan (1929–2014)
in »Lachen Sie behutsam!«

»*Schlimm ist's, wenn Kindeshand das Zepter führt.*«

William Shakespeare (1564–1616)
in »König Heinrich VI.«

Eine köstliche Satire des namhaften slowenischen Hörspielautors und Regisseurs. Einander vergessen: eine allgemeine menschliche Schwäche? Nachlässigkeit? Mangelndes Interesse oder vielleicht auch ein Stresssymptom? Es ist jedenfalls ein ebenso trauriger wie verbreiteter Sachverhalt, dass man sich bei Menschen, denen man auf die eine oder andere Weise verbunden ist, oft nur mit großen Intervallen, ja manchmal gar nicht mehr meldet. Dabei würde nicht selten eine kleine Initiative genügen, um eine familiäre, freundschaftliche oder eine Beziehung aus früherer gemeinsamer Berufstätigkeit mit neuem Leben zu erfüllen.

Vergessen
Vernachlässigung

Der Geist der 68er lieferte so manche seltsame Frucht. »Antiautoritäre Erziehung« lautete eine der glühendsten Maximen. Wer schon lange genug lebt, wird die Exzesse jener Ideologie nicht vergessen. Aber trifft man nicht auch heute noch auf Familien, in denen das Kind der Herrscher ist und die Eltern die selbsternannten Sklaven? Das Kind als häuslicher Gesetzgeber, Entscheidungsträger, verwöhnter Zänker, vorlauter, ins Wort fallender, jede Stimmung prägender, kleiner Tyrann. Ist es Strategie oder Schwäche der Eltern, solche Kinddominanz zuzulassen? Jedenfalls tut man den Kindern mit solcher schrankenlosen Entfaltung keinen Gefallen.

Kindererziehung

»Ich, das Ich ist das
tief Geheimnisvolle.«

Ludwig Wittgenstein (1889–1951)
in »Tractatus Logico-Philosophicus«

»Wer zwischen Körper und
Seele einen Unterschied sieht,
besitzt keines von beiden.«

Oscar Wilde (1854–1900)

Man meint, sich zu kennen. Und doch zählt der österreichische Philosoph, der später die britische Staatsangehörigkeit erwarb, das Ich zu den Mysterien dieser Welt. Möge man mittels den Wissenschaften auch noch so viele Fragen beantworten, das Ich bleibt, wie das Ethische und das Leben insgesamt, dennoch ein durch und durch Geheimnisvolles. Damit fehle dem Ich aber auch der sichere Boden. Den erwerbe sich jedoch, wer an Gott glaube. Und wer dies tue, verstehe auch, dass das Leben einen Sinn habe. Wittgenstein fügt hinzu, dass Gott ein Mysterium sei, weil er sich in der Welt nicht offenbare. Das ist wahr, soweit es sein eigentliches Wesen betrifft. Gläubigen Menschen fehlt es jedoch an göttlichen Offenbarungen nicht. Man denke nur an die Natur, die Musik oder die Liebe.

Der irische Dichter spricht hier pointiert etwas aus, das für die heutige Wissenschaft, vor allem die interdisziplinäre Psychosomatik, selbstverständlich ist. Körper und Seele bzw. Geist bedingen sich wechselseitig, das heißt: Wer unter seelischen Belastungen oder Lebenskrisen leidet, oder wer traumatische Erfahrungen gemacht hat, darf sich nicht wundern, wenn sein Körper rebelliert. Umgekehrt: Körperliche Erkrankungen oder Beschwerden greifen oftmals die Psyche an. Was für jeden Arzt zum Tagesgeschäft gehört oder gehören sollte, ist auch vom medizinischen Laien stets zu verinnerlichen. Der Beachtung und Pflege bedürfen immer beide: Körper UND Seele.

Körper
Seele

Gott
Mensch

»Um angenehm zu leben, muss man fast immer ein Fremder unter den Leuten bleiben.«

Adolph Freiherr von Knigge (1752–1796)
in »Über den Umgang mit Menschen«

»Der Maler braucht nicht viel zu wissen; schön ist es, wenn er unter instinktiver Führung so zielsicher malen kann, wie er atmet, wie er geht.«

Emil Nolde (1867–1956)
in »Mein Leben«

Der Satz mag vielleicht schockieren. Aber ist er nicht doch weise? Fremd bleiben bedeutet für Knigge, mit so wenig Leuten wie möglich vertraulich werden, sich auf einen kleinen Zirkel von Freunden beschränken. Zu viel offenbaren werde schnell von anderen missbraucht. Übe man sich in Zurückhaltung, werde man, so Knigge weiter, geschont, geehrt, aufgesucht. Das ist auch der Grund, warum er das Leben in großen Städten preist. Man treffe alle Tage andere Menschen. Im Kreis von Unbekannten höre man, was man sonst nicht hören würde und könne in Stille beobachten. Aber man suche in allem das rechte Maß. Auch hier. Übertrieben strategische Verschlossenheit isoliert.

Ja, ein großer Maler malt so, wie er anders gar nicht kann. ES malt sozusagen. Das meint Nolde mit dem Wort »Führung«. Aber es ist kein blinder, leerer Instinkt, der führt. Vielmehr ist der bedeutende Maler erfüllt von einer tiefen Idee. So war es in allen Epochen, seien es Renaissance, Barock, Impressionismus oder Expressionismus. Ohne diese Idee, ja Philosophie, die die Hand führt, bliebe jedes Werk der bildenden Kunst an der Oberfläche. Ein anderes ist, ob der Maler die zugrunde liegende Idee in aller Tiefe reflektiert haben muss. Darin unterscheiden sich die Genies. Die einen schaffen als Intellektuelle, die anderen nicht. Allen gemeinsam ist aber eine ungeheure schöpferische Kraft.

Diskretion
Distanz
Freund

Kunst
Malerei

»Der Mensch sieht selten seine Fehler ein und sucht sie gern parteiisch zu verstecken.«

William Shakespeare (1564–1616)
in »Der Raub der Lucretia«

»Nur dieser Ort verzauberte ihn, entspannte sein Wollen, machte ihn glücklich.«

Thomas Mann (1875–1955)
in »Tod in Venedig«

Wer würde bei dieser Weisheit nicht spontan an die aktuelle Politik denken? Aber Shakespeare sagt ausdrücklich »der Mensch«, hat also eine allgemein verbreitete Schwäche im Blick. So möge sich ein jeder befragen: »Bin ich jemand, der sich nicht schwertut, Fehler zuzugeben, oder neige ich eher zu Ausflüchten und dazu, anderen die Schuld zuzuweisen?« Nun wäre es in der Tat unmenschlich, ja dumm, sich immer nur in Selbstanklagen zu ergehen. Es gibt viele Situationen, wo man sich damit vollkommen unnötige Nachteile einhandeln würde. Andererseits lassen sich mit dem ehrlichen Einräumen von Fehlern auch Respekt und Sympathie ernten, vielleicht sogar Erfolge. Eine Gratwanderung, die keinem Menschen erspart bleibt.

Ein Rezept für die Wahl des nächsten Urlaubsorts. Wo findet man innere Ruhe? Wo gelingt es am besten, Begehrlichkeiten zu beherrschen, die Getriebenheit einzudämmen, den gehetzten Geist runterzufahren? Ja, Thomas Mann bringt es wunderbar auf den Punkt: Wo lässt sich das Wollen entspannen? Aber nicht nur das. Wo wird man vorübergehend ein anderer, erlebt einen Grad von heilsamer Verklärung, wird geradezu verzaubert, sodass man sich im Paradies, in seinem Paradies fühlt? Für die meisten Menschen gibt es wohl einen solchen Ort. Hoffentlich ist es nicht der Ballermann.

Entspannung
Seele

Fehler
Mensch

»Ich hab's gelesen,
von a Birokratern kommt
alles Unglücke.«

Gerhart Hauptmann (1862–1946)
in »Die Weber«

»Wenn du sprichst, so sprich
weder wie ein witziger
Hausknecht noch wie ein
tragischer Schauspieler, sondern
halte dein gutes natürliches
Wesen rein und dann sprich
immer aus diesem heraus.«

Gottfried Keller (1819–1890)
in »Das Fähnlein der sieben Aufrechten«

Bürokratie – fast ein Schimpfwort. Oft ungerecht, denn in der Verwaltung sitzen viele engagierte, fähige und auch freundliche Menschen. Aber klar, wir wissen, was Hauptmann meint. Die Bürokratie hat auch eine ärgerliche, weil lähmende Seite. Zwar werben die Politiker immer wieder mit dem Ziel »Bürokratieabbau«, nur: Es gelingt nicht. Es ist schon grotesk: Gerade die, die den Abbau fordern, die Politiker, sind es vor allem, die durch viel zu komplizierte und oft unnötige Vorschriften das Gegenteil bewirken. Aber auch das deutsche Wesen spielt hier mit: Gründlichkeit, Perfektionswahn, Mangel an Spontaneität und fehlender Blick dafür, dass eine funktionierende Gemeinschaft auch lebendiger Leichtigkeit bedarf.

Bürokratie

Nur Natürlichkeit überzeugt. Das heißt, man muss in der Rede man selbst bleiben, darf keine Rolle spielen. Der Schweizer Dichter hat in derselben Novelle aber noch andere kluge Ratschläge auf Lager. Man möge sich als Redner nicht zieren, solle sich nicht in Positur werfen und auf keinen Fall, bevor man beginne, wie ein Feldmarschall oder die Versammlung geradezu belauernd herumblicken. Auch sei es verfehlt zu sagen, man sei nicht vorbereitet, wenn dies nicht stimme, denn jeder würde es doch merken. Und wenn man geendet habe, solle man nicht in Selbstzufriedenheit herumgehen und Beifall einsammeln. Der Kluge setze sich still auf seinen Platz und horche aufmerksam dem nächsten Redner zu.

Rede
Sprache
Vortrag

»Ich bin reich, aber ich habe keine Erben, das heißt, doch … einen Lümmel, der mich zu Tode quält.«

August Strindberg (1849–1912)
in »Gespenstersonate«

Das ist natürlich starker Tobak. Ein echter Strindberg eben. Aber wer wie ich erbrechtlich beraten hat, weiß von solchen Fällen Oratorien zu singen. Das Thema: unliebsame Erben. Wie hält man sie heraus? Zunächst einmal: Enterben kann man jeden, auch engste Familienmitglieder wie die eigenen Kinder. Am einfachsten durch Testament, in dem man mindestens eine andere Person oder Institution zum Erben einsetzt. Aber es bleibt der Pflichtteil. Zu den Berechtigten zählen der Ehegatte sowie Abkömmlinge, und wenn Letztere nicht existieren, auch die Eltern des Erblassers. In krassen Fällen kann sogar der Pflichtteil entzogen werden, was in der letztwilligen Verfügung mit Begründung erfolgen muss. Ein Sohn, der wie bei Strindberg seinen Vater zu Tode quält: Das würde, falls nachweisbar und keine sonstigen Rechtsgründe entgegenstehen, die Entziehung rechtfertigen.

Erbschaft

»Jeder Prophet erweckt Schrecken und Undank.«

Gottfried Keller (1819–1890)
in »Romeo und Julia auf dem Dorfe«

Eine pointierte Formulierung, aber mit wahrem Kern, zumindest wenn ungünstige Prognosen gestellt werden. Viele Menschen, denen es an Realitätssinn oder Stärke mangelt, wollen Schlechtes über die Zukunft einfach nicht hören, weil es ihnen nicht in den Kram passt. Aber wie gefährlich ist dies doch. Augen zu – und dann? Man spürt doch förmlich, dass wir wieder einmal in Zeiten leben, in denen Weichen gestellt werden, auf allen Ebenen: politisch, wirtschaftlich, vor allem auch, was die rechtsstaatlichen und kulturellen Grundlagen unseres Daseins betrifft. Manchmal vollzieht sich der Wandel abrupt, manchmal schleichend, von vielen unbemerkt. Sehenden gebührt daher Dank.

Prophet
Undank

»O mach dein Wort zur Tat!«

William Shakespeare (1564–1616)
in »Was ihr wollt«

»Das Erfreulichste an (Deinem Brief) war mir die Mitteilung, daß Du den meinigen erhalten habest.«

Cicero (106–43 v. Chr.)
in »Briefe an seine Freunde«

Hier liegt wohl die Quelle für den bei uns noch bekannteren Satz Erich Kästners »Es gibt nichts Gutes, außer man tut es«, vielleicht auch für die Erkenntnis des Faust, der die Tat dem Wort, dem Sinn und auch der Kraft voranstellt. Wer sein Leben überdenkt, wird die hohe Bedeutung der Tat bestätigt finden. Planen und Vorsätze fassen: ja, weil unverzichtbar. Aber dann trennt sich Spreu vom Weizen: Handeln, das Erwünschte auch wirklich durchsetzen – das ist der entscheidende Schritt. Da zeigt sich, wie viel Energie und Geduld ein Mensch besitzt. Hindernisse überwinden, ein langer Atem, dessen bedarf es. Wie gesagt: Erst im Rückblick zeigt sich, wann es eine Tat war, die den Erfolg geliefert hat. Und das mag auch Motivation für die Zukunft sein.

Tatkraft

Wohlwollend gedeutet freut sich Cicero wirklich, dass sein Brief den Empfänger erreicht hat, was vielleicht nicht sicher war. Aber man kann auch etwas Ironie oder Süffisance herauslesen, im Sinne von »Endlich antwortest Du mir!« Und damit wäre Ciceros Empfinden ein zeitloses. Denn bis heute ist es eine verbreitete Unart, auf Briefe viel zu spät, oft gar nicht zu reagieren, selbst im engeren Kreis. In den meisten Fällen ist das nicht zu entschuldigen. Für ein paar Zeilen wäre immer Zeit. Man bräuchte nicht einmal einen ganzen »Tatort« oder ein »Bares für Rares« auszulassen. Nicht oder auch zu spät zu antworten, ist ein Ausdruck von Desinteresse, zumindest ein sichtbares Zeichen, wo der andere in der Prioritätenliste rangiert.

Korrespondenz

»Aber wichtig ist doch nur das eine: dass dem Menschen Zeit bleibt, rechtzeitig das Rechte zu tun.«

Stefan Zweig (1881–1942)
in »Sternstunden der Menschheit«

»Wie man schlägt, so fliegt der Ball.«

Franz Grillparzer (1791–1872)
in »Der Traum ein Leben«

Wer wäre nicht schon Irrwege gegangen, in welchem Lebensbereich auch immer? Erfüllt von irgendwelchen Ideen, besessen von bestimmten Zielen, geleitet von Über- oder Unterschätzung, verführt durch Personen oder Situationen: Der Irrtum gehört zum Leben, so sind wir ins Dasein geworfen. Schwankend ist der Grund. Aber Stefan Zweig schenkt auch Hoffnung. Wo Zeit bleibt zu korrigieren, da kann der rechte bzw. richtige Weg noch eingeschlagen werden. Der Mensch mag sich halt immer wieder mal besinnen und fragen: »Wo liegen die Quellen für Unwohlsein und Stress, wo die für Entspannung und das ganz persönliche Glück?«

Klugheit
Weisheit

Eine Metapher natürlich, denn der große österreichische Dichter wollte uns nicht Tennis oder Golf lehren. Die Initialzündung von vielem ist ein Wort, eine Tat, und zwar ganz exakt dieses Wort oder diese Tat. Bleiben wir einmal beim Wort. Nuancen in der Formulierung, Phrasierung oder Lautstärke entscheiden darüber, wie das Wort beim Empfänger ankommt, wie er es auffasst. Und hier steht dem Sprecher ein großes Spektrum an Ausdrucksmöglichkeiten zur Verfügung. Ein und derselbe Gedanke lässt sich immer auf verschiedene Weise äußern. Man hat die Auswahl. Aber gerade deshalb Vorsicht! Denken Sie an Grillparzer: Wie man schlägt, fliegt der Ball. Man selbst entscheidet über den Flug des Balles und damit meist auch über die Wirkung seiner Worte und Taten.

Sprache
Wort

»Woran ihre Seele arbeitete, war, den Gedanken der Entsagung in den des Glückes aufzunehmen.«

Thomas Mann (1875–1955)
in »Die Betrogene«

Hier hat Thomas Mann etwas sehr Anspruchsvolles vor Augen. Eine zerrissene Seele leidet, weil sie entsagen, Verzicht üben muss. Das kennt jeder. Gegenstand solcher Entsagung kann Vielfältiges sein: einen ersehnten Berufsweg nicht einschlagen oder nicht in der Lieblingsstadt wohnen können, oder eine Traumreise absagen, ja, schlimmstenfalls auf eine große Liebe verzichten müssen. Aber bei der Feststellung solchen Leidens bleibt der Dichter nicht stehen. Er bringt die arbeitende Seele ins Spiel. Sie kämpft darum, mit dem Leiden fertigzuwerden, das Leiden geistig so umzugestalten, dass die Vernunft den Sachverhalt zu akzeptieren lernt, am Ende sogar in der Weise, dass die leidende Person die Entsagung in glückliche Fügung umzumünzen vermag. Ein schwerer Weg, aber einer, der vielleicht vor anhaltendem Schmerz bewahrt.

Entsagung
Glück

»Denn die den Staat beherrschen und am Ruder stehen, sind gegen Nebenbuhler stets am feindlichsten.«

Euripides (um 480–406 v. Chr.)
in »Ion«

Nichts hat sich geändert an dieser uralten Weisheit. Selbst die Geschichte der (demokratischen) Bundesrepublik liefert eindrucksvolle Beispiele für die Kunst des Umgangs mit Konkurrenten. Nicht nur in Autokratien ist es der Nebenbuhler, welcher sich vorrangig im Fadenkreuz des Herrschenden befindet. Jener droht die Macht an sich zu reißen, könnte den Lebensplan des Amtsinhabers zerstören. Der Führer eines anderen Staates dagegen ist fern und kann erst zum gefährlichen Feind werden, wenn er sein Gebiet zu verlassen und die Macht seines Gegners zu übernehmen trachtet. Wirkliche permanente Unruhe stiftet der Nebenbuhler im eigenen Lager, denn er begehrt dasselbe Amt. Ihn gilt es zu beobachten, zu schwächen. Misstrauen ist Trumpf. Er nagt mehr an den Nerven als der äußere Feind.

Staatslenker

»Wieviel Gutes kann man doch tun, und wie leicht ist es, wie wenig Mühe kostet es.«

Leo Tolstoi (1828–1910) in »Krieg und Frieden«

»Ich war so perfekt und vollkommen in der Unwissenheit, dass mir unmöglich war zu wissen, dass ich so gar nichts wusste.«

H. J. Christoffel von Grimmelshausen (1621–1676) in »Der abenteuerliche Simplicissimus Teutsch«

An Beispielen fehlt es nicht: Gutes tun für die Familie, den Partner, die Kollegen, Freunde, Nachbarn. Man kann spenden oder sonst wie karitativ wirken, Verantwortung übernehmen, etwas gründen, aufbauen, veranstalten, man kann andere etwas lehren. Aber auch solche Wohltaten sind denkbar: Man kann höflich, fair, großzügig und rücksichtsvoll sein, Stil wahren, Lob oder Respekt zollen, sich in Dezenz und Bescheidenheit üben oder Dankbarkeit und Mitgefühl zeigen. Der Mensch mit Herz weiß um die Resonanz auf alles dies.

Gutherzigkeit

Eine wohl von Sokrates entlehnte Erkenntnis: »Ich weiß, dass ich nichts weiß.« Nun wird man einwenden, dass doch noch nie so viel Wissen angehäuft war wie heute. In der Tat. Aber davon abgesehen, dass durch die Dominanz von Wissenschaft und Technik auch wieder viel Wissen verloren gegangen ist: Was das Elementare, die Existentialia unseres Daseins betrifft, wissen wir wirklich nichts. So war es, und, das ist unser Schicksal, so wird es immer bleiben. Warum wurde die Welt geschaffen? Hat sie ein Ende? Wohin gehen wir? Ist unser Wille frei, oder lenkt uns eine höhere Macht? Die Reihe solcher Fragen ließe sich beliebig fortsetzen. Das Ganze ein einziges Mysterium. Da bleibt uns nur der Glaube.

Unwissen

易經

»*Wenn die Menschen in Gegensatz und Entfremdung leben, so lässt sich ein großes, gemeinsames Werk nicht ausführen.*«

Aus »I Ging, das Buch der Wandlungen« (entstanden im 9. Jh. v. Chr.)

»*Denn nur eins ist schlimmer, als in aller Mund zu sein, und das ist: nicht in aller Mund zu sein.*«

Oscar Wilde (1854–1900)
in »Das Bildnis des Dorian Gray«

Vielfalt befeuert die Fantasie und macht die Welt bunt. Aber Sand kommt ins Getriebe, wenn die Unterschiede im Grundsätzlichen überhand nehmen. So darf es bei Attacken auf Demokratie, rechtsstaatliche Errungenschaften und soziale Marktwirtschaft kein Pardon geben. Noch brüchiger wird das Ganze, wenn die Gegensätze in Entfremdung münden. Dann droht Entsolidarisierung, ja Feindschaft. Das ist das Ende einer funktionierenden Gemeinschaft, sei sie groß oder klein: Staat, Kommunen, Lehr- und Forschungsinstitute, Vereine, Freundschaften, Familie.

Entfremdung
Gegensätzlichkeit

Wie doch der irische Spott entlarvt! Der eine hat dabei Politiker, der andere Künstler, ein Dritter C-Prominenz aus dem Fernsehen oder auch die Schickimicki-Gesellschaft im Auge. Das Streben nach Popularität mag Triebfeder für manche echte Leistung sein, aber Oscar Wilde denkt mehr an diejenigen, sich sich geradezu süchtig und auf oft peinliche Weise in Szene setzen. Nicht selten ist die Häufigkeit des Erscheinens im Rampenlicht umgekehrt proportional zur Kompetenz und Bedeutung der betreffenden Person. Wie angenehm dagegen solche, denen es nicht primär um ihre Person, sondern um die Sache geht, Menschen, die man nicht wegen ihres Öffentlichkeitsdranges, sondern wegen ihrer Fähigkeiten schätzt.

Popularität

»Müde macht den Menschen nur eines: Schwanken und Unsichersein.«

Stefan Zweig (1881–1942)
in »Die Flucht zu Gott«

»Der Machtmensch geht an der Macht zugrunde, der Geldmensch am Geld, der Unterwürfige am Dienen, der Lustsucher an der Lust.«

Hermann Hesse (1877–1962)
in »Der Steppenwolf«

Die Aussage klingt recht pauschal, aber es lohnt, über sie nachzudenken. Verschiedene Alternativen zu wägen und nicht gleich zu wissen, welcher gefolgt werden sollte, das ist normal. Zweig hat jedoch denjenigen im Auge, für den das Schwanken zum Dauerzustand wird, der unter chronischer Entscheidungsschwäche leidet. Das in der Tat nimmt Elan und raubt Kräfte. Einmal getroffene Entscheidungen dagegen weisen die Richtung, liefern Zielorientierung. Wer entschieden hat, gewinnt Schwung und Dynamik. Körper und Geist erfahren Belebung, lähmende Müdigkeit will da nicht aufkommen.

Das klingt wie eine Übertreibung. Denn es zeugt von gesunder Vitalität, Einfluss üben zu wollen, finanziell gesichert zu sein, anderen zur Seite zu stehen und die Lüste des Daseins nicht zu verschmähen. Aber Hesse geht es, und da ist er weise, um das rechte Maß in allem. Jeder Exzess birgt die Gefahr des Scheiterns. An Beispielen fehlt es nicht. Viele Machthaber wurden Opfer ihres eigenen Systems, Übermut führt in den wirtschaftlichen Ruin, selbstlose Unterwürfigkeit zerstört die Würde, und grenzenlose Lust ist eine Schraube ohne Ende, wird immer nach wirklicher Erfüllung suchen.

Unsicherheit

Geld
Lust
Macht

»Der Unterschied zwischen dem richtigen Wort und dem beinahe richtigen ist derselbe Unterschied wie zwischen dem Blitz und einem Glühwürmchen.«

Mark Twain (1835–1910)
in einem Brief an George Bainton

»Nötige nie beim Feste den Gast, ungern zu verweilen, noch auch mahn ihn zu gehen, eh es ihm selber gefällt!«

Theognis von Megara (570–485 v. Chr.)
in »Gesellschaftsregel«

Sprachliche Nachlässigkeit oder Geschraubtheit: ein stark zunehmendes Delikt. Beispiel Sportreporter: Der Ball wird zur »Kugel«, der Strafraum zur »Box«, die Halbzeit zum »Durchgang«, und es heißt »noch 10 Minuten auf der Uhr« (wo sonst?). All dies ist noch Geschmackssache. Aber wie oft hört man eindeutig Falsches: Die 90 Minuten im Fußball nennt man »reguläre« Spielzeit, als ob Nachspielzeit und Verlängerung irregulär wären, der Ball müsse »mit vollem Umfang« über die Linie (nein, mit dem Durchmesser!), Hummels habe das Abseits »aufgehoben«, nein, aufheben tut man etwas, das schon existierte, zum Beispiel einen Vertrag. Hummels hat das Abseits von vorneherein verhindert, nicht aufgehoben. Welch sprachlicher Schlendrian! Und man denke nur an das ebenso verbreitete wie furchtbare »hinten raus« habe die Mannschaft XY stark gespielt.

Sprache
Wort

Ein Thema, das offenbar schon die alten Griechen bewegte. Und es ist ja auch eine Gratwanderung. Drängt es den Gast zum Abschied – vielleicht sogar aus Rücksicht auf den Gastgeber – ist die Aufforderung des Letzteren zu bleiben, dem Gast vielleicht deshalb nicht recht, weil er glaubt, der Gastgeber tue dies nur aus Höflichkeit. Ach, viele Konstellationen kommen einem hier in den Sinn. Mal ist es dem einen genug, mal dem anderen, mal beiden, mal keinem. In diesem, oft nicht durchsichtigen Gefühlsgeflecht ist alles einfacher, wenn man sich wirklich mag und auf eine stabile Beziehung vertrauen kann. Dann darf der Besuch – je nach Sichtweise – auch mal zu lang oder zu kurz sein.

Fest
Gast

»*Verflucht! Zur rechten Zeit fällt einem nie was ein, und was man Gutes denkt, kommt meist erst hinterdrein.*«

Johann Wolfgang von Goethe
(1749–1832)
in »Die Mitschuldigen«

»*Oft ist's der eigene Geist, der Rettung schafft, die wir beim Himmel suchen.*«

William Shakespeare (1564–1616)
in »Ende gut, alles gut«

Schlagfertigkeit: eine beneidenswerte Gabe. Sie beruht nicht nur auf der Schnelligkeit des Geistes eines Menschen, sondern ist auch situationsabhängig. Der von Grund auf Schüchterne mag Gedankenblitze haben, wagt es aber nicht, sie zu äußern. Ähnlich geht es dem, der sich zu einem anderen in einem Unterordnungsverhältnis sieht, wie Mitarbeiter gegenüber dem Chef oder Kinder gegenüber Eltern und Lehrern. Aber man klage nicht, wenn der erhoffte Gedanke nicht spontan zur Verfügung stand. Schnelle Zungen leben nämlich auch gefährlich. Nicht selten wird etwas, sei es auch geistreich oder originell, rausgehauen, das, weil es Wunden schlug, besser ungesagt geblieben wäre.

Schlagfertigkeit

Mehreres steckt in dieser Weisheit. Mancher hofft allzu schnell auf Hilfe von oben, ja, verlässt sich sogar auf sie. Zugleich appelliert Shakespeare an den Kampfgeist. Nicht aufgeben, das Blatt kann sich immer wenden, gesundheitlich, in privaten Dingen, im Beruf, im Sport, überall. Und nicht zuletzt verweist Shakespeare auf die Fantasie des Menschen. »Not macht erfinderisch«, sagen die Deutschen. Genau das hat Shakespeare im Blick. Benutzen wir also unseren Kopf. Dafür ist er da.

Mensch
Geist
Himmel

»Die Menschen wollen nicht nur Brot und eine Anstellung, nicht nur Arbeit, sondern eine Berufung.«

Sándor Márai (1900–1989)
in »Wandlungen einer Ehe«

Man frage sich: »Spüre ich eine Berufung für das, was ich tue, oder gehe ich schlicht nur einer Beschäftigung nach?« Das ist für den Sinn des Lebens, für das eigene Glück eine ganz entscheidende Frage. »Setze ich auf das richtige Pferd? Entspricht meine Arbeit meinem Talent? Geht es mir nur um den Verdienst und Lebensunterhalt, oder sehe ich in meinem Schaffen noch einen für mich höheren Wert? Ist es gerade diese Tätigkeit, die mir Erfüllung schenkt?« Zu etwas berufen zu sein, hat immer auch etwas von einem Imperativ, das heißt: »Ich weiß, genau dies soll ich tun. Tue ich es nicht, verrate ich meinen Auftrag.«

Mensch
Berufung

»Die Erde könnte unbewohnt sein.«

Samuel Beckett (1906–1989)
in »Das letzte Band«

Ja, könnte nicht nur, sie war es den größten Teil ihrer Geschichte! Und doch ein irgendwie irrealer Gedanke, bei heute rund acht Milliarden Menschen und noch viel mehr Getier. Aber es ist schon eine faszinierende Vorstellung: nur Natur, sie ganz allein. Und sie würde funktionieren, hat ja unendliche Zeiträume so funktioniert. Sie braucht uns nicht, wogegen wir ohne sie verloren wären. Einmal die Augen schließen und sich unseren blauen Planet als gänzlich unbewohnt denken. Ein Paradies? Oder etwas Unheimliches? Sonderbare Gefühle wecken solche Bilder. Wohl dem, der dabei Demut und Dankbarkeit dafür spürt, geboren zu sein und die Erde erleben zu dürfen.

Erde
Natur

»*Es ist immer eine Sünde, wenn wir mit gieriger Hand nach dem Geheimnis eines anderen Menschen greifen.*«

Sándor Márai (1900–1989)
in »Wandlungen einer Ehe«

»*Du wolltest Gerechtigkeit. Nun, es gibt keine. Gibt nur die Welt.*«

Archibald MacLeish (1892–1982)
in »Spiel um Job«

»Alles muss ich wissen!«, schmettert Herr von Eisenstein seiner Frau Rosalinde im Finale der »Fledermaus« entgegen. Wirklich alles? Wäre es nicht edler und auch klüger, etwas Dezenz zu üben? Der großartige ungarische Autor Márai hat nicht zuletzt Beziehungen im Auge, in denen Partner voller Neugier auch die letzten Geheimnisse aus dem anderen herausquetschen wollen. Aber umgibt den Menschen nicht ein größerer Zauber, wenn er sich nicht unbegrenzt preisgibt? Und gebietet es nicht die Würde des anderen, trotz aller Vertrautheit stets eine gewisse Distanz zu ihm zu wahren, anstatt den Kern seiner Persönlichkeit bis ins Letzte ausleuchten zu wollen? Es gehören Weisheit und Feingefühl dazu, auszuloten, welche Fragen ins verletzbare Innerste des anderen zielen könnten.

Gier

Das Streben nach Gerechtigkeit: höchste Tugend seit Jahrtausenden, als Ziel unumstritten, bei Philosophen, Theologen, politischen Ideologen, ja, auch im Alltag wird kein Vernünftiger ihren Wert infrage stellen. Aber was ist eigentlich gerecht? Es mag desillusionieren, aber es gibt keine für alle akzeptable Antwort. Über die Inhalte von Gerechtigkeit entscheidet der Standort des Urteilenden. Man denke nur an Parteiprogramme. Sie wähnen sich im Dienste der Gerechtigkeit, und doch unterscheiden sich die Konzepte deutlich. Aber auch im täglichen Leben prallen die Vorstellungen ständig aufeinander, in Schule, Beruf, in der Tat überall, wo sich Menschen begegnen. Doch trotz aller Ernüchterung ob der Unmöglichkeit, Letztgültiges zur Gerechtigkeit formulieren zu können: Das Streben nach ihr darf nie enden.

Gerechtigkeit

»Man muss wohl sagen, es wachsen absonderliche Narrheiten in Menschenköpfen.«

Molière (1622–1673)
in »Don Juan«

»Leben, wo bist du? Komm heraus; wir wollen dich bestehen!«

Theodor Storm (1817–1888)
in »Der Herr Etatsrat«

Man möchte meinen, Molière sei ein Zeitgenosse von uns. Zwar wurde das Wissen seit der Erstaufführung des »Don Juan« unendlich vermehrt, nicht aber Weisheit und Klugheit. Und gerade in aktuellster Gegenwart hat man den Eindruck, dass viele Hirne Abstruses gebären. Ein einziger Fernsehabend genügt, sich davon ein Bild zu machen, in Nachrichten, Spielshows oder Talkrunden. Was ist nur los? Liegen die Verirrungen am Mangel an wirklich existenziellen Problemen? Suchen sich Köpfe immer eine Arbeit, und sei es im Absonderlichen? Das Schlimme ist: Vieles von dem Nonsens sägt an unserer Kultur, am Zusammenhalt, an den bewährten Grundlagen unserer nationalen Gemeinschaft.

Ein vitaler, erfrischender Aufruf, gerichtet gegen Passivität, Lethargie, Desinteresse oder gar depressive Stimmungen. Theodor Storm verbindet hier zwei weise Erkenntnisse: 1. Das Leben ist alles andere als nur Honigschlecken, vielmehr eine ernste Herausforderung. 2. Wer sein Leben meistern, ja glücklich und zufrieden sein will, darf nicht ausweichen, muss kraftvoll zupacken. Dazu gehören sinnvolle Aufgaben und Ziele, aber auch das geduldige und tapfere Ertragen und Durchstehen von Krisen.

Leben

Narrheit

»Mancher wähnte weise zu sein,
nur was ihm not tat,
wusste er nicht.«

Richard Wagner (1813–1883)
in »Der Ring des Nibelungen«

»Wir dürfen den nicht schätzen,
der uns nie widerspricht.«

Balthasar Gracián (1601–1658)
in »Handorakel und Kunst der
Weltklugheit«

Die Sentenz eines Dichters und Komponisten, die auch von einem Psychologen oder Psychotherapeuten stammen könnte. Nicht wenige verfügen über allerhand Wissen und Lebenserfahrung und sind anderen ein kluger Ratgeber, nur für sich selbst nicht. Sie irren von diesem zu jenem, oft das Ziel wechselnd, nie wirklich zu innerer Ruhe kommend. Das ist kein Vorwurf, nur traurig mit anzusehen. Es ist ja in der Tat auch eine Lebenskunst, dasjenige für sich herauszufinden, was ein Optimum an Zufriedenheit und Glück stiftet.

Weisheit

Das klingt hart, aber schälen wir das für uns Interessante heraus. Natürlich ist, wer nie widerspricht, für uns selbst oft bequem. Man vermeidet Konflikte, die Stimmung leidet nicht, man fühlt sich vielleicht sogar gut, weil in eigener Meinung bestätigt. Aber täuschen wir uns nicht. Wenn einer nie widerspricht, kann das entweder Schwäche oder Taktik bedeuten. Kann jedenfalls. In beiden Fällen ist Vorsicht geboten. Wer immer zustimmt, ist für uns nicht wirklich greifbar. Wir können ihn nicht einschätzen, ihm vielleicht nicht einmal trauen. Es ist angenehmer, wenn man bei einem Menschen weiß, woran man ist.

Widerspruch

> *»Hoffentlich wird es nicht so schlimm, wie es schon ist.«*
>
> Karl Valentin (1882–1948)

Welch ein Genius verbirgt sich doch hinter diesem Satz! »Da musst du erstmal drauf kommen«, wird mancher sagen. Der Witz liegt natürlich darin, dass sich in den kurzen Worten zwei Perspektiven widersprechen: Gegenwartsanalyse und Zukunftsvision. Was auf den ersten Blick nur wie ein absurdes Sprachspiel wirkt, enthält in Wahrheit viel Weisheit, indem Karl Valentin die Beschreibung des unerfreulichen Jetzt mit dem Prinzip Hoffnung verbindet. Wenn man das liest, würde man sich das bayerische Original als ebenso entlarvenden wie erfrischenden Kommentator unserer schwierigen Zeiten wünschen.

Hoffnung

»In wessen Herz die Kunst sich niederließ, der ist vom Sturm der rauen Welt geschieden, dem öffnet sich, durchwallt von süßem Frieden im ewigen Lenz ein stilles Paradies.«

Jean Paul (1763–1825)

»Ich weiß, was Hunger heißt und wie er die Seele zerstört.«

Paulo Coelho (geb. 1947)
in »Der fünfte Berg«

Die Kunst als Schutzschild gegen die Unbill des Lebens. Denken wir nur an die heilende, reinigende und veredelnde Wunderkraft der Musik. In grauen Stunden entrückt sie in eine bessre Welt, heißt es in Franz von Schobers Gedicht »An die Musik«, das sein Freund Franz Schubert so ergreifend vertont hat. Aber nicht minder die bildende Kunst, vor allem das Schöne. Es ergötzt die Sinne und erhellt den Geist, denn im Schönen gewahren wir die Idee des Vollkommenen.

Kunst
Herz

Man muss in unseren Landen schon ein gewisses Alter erreicht haben, um zu wissen, wovon der brasilianische Schriftsteller spricht. Aber wer Hunger gelitten hat wie viele in den Vierzigerjahren des letzten Jahrhunderts, wird dies kaum vergessen. Es ist eine ebenso schlimme wie wertvolle Erfahrung. Viele der Älteren unter uns betonen immer wieder, dass sie bis heute zu würdigen wüssten, was es bedeutet, einen gefüllten Kühlschrank zu besitzen. Und wer selbst Hunger gelitten hat, vermag auch ganz anders mit all den Menschen zu fühlen, denen noch in der Gegenwart solches Schicksal bestimmt ist. Die Erde kennt genügend Regionen, in denen der Hunger den Alltag beherrscht.

Hunger
Seele

»Ob ein Minus oder Plus uns verblieben, zeigt der Schluss.«

Wilhelm Busch (1832–1908), aus der Biografie von Friedrich Bohne

»Ohne Bücher bleibt die Welt verschlossen.«

Volker Weidermann (geb. 1969) in »Ostende 1936 – Sommer der Freundschaft«

Weisheiten haben den Sinn anzustoßen, zu lehren und aufzurütteln. Was also will uns Wilhelm Busch hier sagen? Beachtet immer das Ende! Zum einen natürlich das Lebensende. Wer in seinen letzten Jahren nur Mist baut, obwohl er anders könnte, trübt das Gesamtbild von sich selbst. Aber Busch geht es um die Bilanz eines jeden Endes: das Ergebnis eines Wettkampfs (Was nützt es im Fußball, bis kurz vor Schluss zu führen und dann doch zu verlieren?), um das Ende der Zugehörigkeit zu einem Personenkreis, zum Beispiel auch einer Mitgliedschaft, um das Ende einer Beziehung oder des Berufslebens, ja, auch um den Abschluss einer heftigen Auseinandersetzung. Der Kluge weiß um die meist weitreichende Bedeutung gerade des Endes.

Egal, ob Sachbuch, Belletristik oder Lyrik: Alles führt über den eigenen Horizont hinaus. Bücher lesen ist darin dem Reisen vergleichbar. Auch Reisen dehnt den an sich winzigen Ausschnitt, den man von der Welt wahrnimmt, aus. Andere Landschaften, Kulturen, Konflikte, Mentalitäten oder Schicksale: Solches kennenlernen, liefert Erfahrung, weitet den Geist und stärkt die Urteilskraft. Der Leser legt sich breiter an, fühlt differenzierter und bildet sich so zu einem immer interessierteren und neugierigeren Menschen, der zum einen wachsamer für Missstände und Gefahren wird, zum andern die so bunte Welt mit zunehmendem Staunen, ja, wenn er sich ihr mit der Seele öffnet, auch mit wachsender Demut erlebt.

Lebensbilanz

Bücher

»Vielleicht muss ja im Schweigen ruhen und bewahrt werden, was uns glücklich macht.«

Siegfried Lenz (1926–2014)
in »Schweigeminute«

»Manche Beleidigung muss man um seiner Ehre willen übergehen.«

Luc de Clapiers, Marquis de Vauvenargues (1715–1747)
in »Betrachtungen und Maximen«

Diese Weisheit muss man erst mal sacken lassen, um sie zu verstehen. Spontan würde man wohl meinen, dass Glück etwas ist, an dem man andere, vor allem Nahestehende, gerne teilhaben lässt. Aber es gibt auch das stille Glück, das man in sich verschließt, weil es vielleicht an Gewicht verlöre, wenn andere davon wüssten. Denn manches Glück ist so speziell wie der Träger des Glücks selbst. Und wie schnell kann es durch unangemessene Reaktionen anderer getrübt werden, sei es durch Neid, Eifersucht oder auch nur Missverständnisse. Deshalb ist klug, wer nicht alles herausplappert, sondern, auch wenn das Herz voll ist, bestimmte Gefühle als ganz persönlichen Schatz bewahrt.

Glück
Schweigen

Aristoteles verband mit Ehre Tugend und Streben nach Vortrefflichkeit, also in der Seele Wurzelndes. Der englische Philosoph Thomas Hobbes erweiterte die Bedeutung des Ehrbegriffs, denn nun ging es auch um äußerliche Anerkennung durch andere. Damit ist Ehre im Gegensatz zur unantastbaren Würde etwas Verletzbares, das Demütigung und Gesichtsverlust erfahren kann. Das ist der Grund, warum unser Recht in Art. 5 Grundgesetz die Ehre schützt. Nun rät uns der französische Philosoph Vauvenargues, sorgfältig zu überlegen, ob man sich wirklich gegen eine Ehrverletzung wehrt, ob es also nicht klüger wäre, darüber hinwegzugehen. Ein weiser Rat. Mancher Beleidiger ist frustriert, wenn der Angegriffene die Ehrkränkung souverän ignoriert.

Beleidigung
Ehre

»Nur wer erwachsen wird und ein Kind bleibt, ist ein Mensch.«

Erich Kästner (1899–1974)
in »Wer Kind bleibt, ist Mensch«

»Sorge für die Gesundheit deines Leibes und deiner Seele, aber verzärtle beide nicht.«

Adolph Freiherr von Knigge (1752–1796)
in »Über den Umgang mit Menschen«

Das Wort vom »Kind im Manne« kennen alle. Es führt zurück auf Friedrich Nietzsche im »Zarathustra«, wo es heißt: »Im echten Manne ist ein Kind versteckt. Das will spielen.« Inwieweit das auch für Frauen gilt, lassen wir einmal dahingestellt. Es dürfte nicht so ausgeprägt sein. Für die meisten Männer trifft es aber sicher zu. Sie erhalten ihr inneres Kind am Leben, sagen die Psychologen. Und weiter: Das Kind im Manne schütze vor Depressionen und Ängsten, Enttäuschungen und Frustrationen ließen sich besser aushalten. Was das Kind im Manne ausmache, seien Neugier, Begeisterungsfähigkeit, Staunen und Spontaneität. Glücklich sei der Mann, der eine Aufgabe wie ein Spiel erlebe – der Spieltrieb also als Kraftquelle. Daher meinte der US-amerikanische Psychiater Milton Erickson: »Es ist nie zu spät für eine glückliche Kindheit.«

Wellness, Fitness, Freizeitsport haben in unseren Zeiten Konjunktur, viel mehr als früher. Genauso viel ist aber von Stress die Rede, beruflich, privat, Doppelbelastung. Viele übertreiben ihren sportlichen Ehrgeiz, man betrachte nur die schmerzverzerrten Gesichter mancher Jogger. Das sieht nicht gesund aus. Andere sitzen nur herum, bewegen sich nicht, essen zu viel. Und die Seele? Auch sie bestraft Unter- und Überforderung. Der Geist verlangt nach Betätigung, darf nicht nur schlummern. Wer aber die Segel seines Geistes unaufhörlich spannt, der fährt, auch das lernen wir von Knigge, auf den Strand. Ach, es ist wie immer: Es gilt, das rechte Maß zu wahren. Das schulden wir Leib und Seele.

Gesundheit
Leib
Seele

Erwachsener
Kindlichkeit

»Jeder sucht das Vergnügen, das ihm passt.«

Molière (1622–1673)
in »Die Schule der Frauen«

»Schrecklich ist die rohe Menge, wenn sie böse Führer hat.«

Euripides (ca. 480–406 v. Chr.)
in »Orestes«

Das klingt zunächst ein wenig platt, fast auch spöttisch. Und doch verbergen sich dahinter ernsthafte Sichtweisen und Fragen. Zunächst ein Imperativ: Ein jeder möge sich sein spezielles Vergnügen suchen. Dann aber auch der freiheitliche Aspekt! Jeder darf sich auf seine Weise amüsieren. Doch reicht Moliéres Weisheit tiefer. Immanuel Kant fragte: »Was ist der Mensch?« Molière trägt zur Antwort bei. Der Mensch ist ein Wesen, das sich auch in seinen Vergnügungen offenbart, und das sehr individuell je nach Mentalität und Charakter. Schließlich regt Molière auch zur Selbstreflexion an: »Wer bin ich eigentlich?« Und da liefert das, was mich vergnügt, belustigt und erheitert, doch einigen Aufschluss.

Vergnügen

Wie oft schon hat sich diese alte Weisheit bestätigt. Geschichte und Gegenwart sind voll davon. Im Kleinen hieße es »Wie der Herr so's Gescherr.« Der Geist der Obrigkeit prägt. Rohheit erzeugt Rohheit, Kultur und Tugend zeugen ihresgleichen. Natürlich gilt das nicht uneingeschränkt, aber benimmt sich die Führung unanständig, so birgt dies immer die Gefahr, dass die Moral auf breiter Basis sinkt. Zwar kann ein Staatsmann nicht den ganzen Tag mit einer Ethikfibel unter dem Arm herumlaufen. Dafür ist das Geschäft zu hart, und er hat es ja auch nicht gerade mit Widersachern zu tun, die nur die feine Klinge benutzen. Aber wo das Oberhaupt nur lügt, betrügt und zum Bösen verführt, da wird dies immer auf eine große Menge abfärben.

Politik
Führer
Menge

»Wer Herz hat, ist höflich«
Robert Walser (1878–1956)
in »Fritz Kochers Aufsätze«

»Zu überzeugen fällt keinem Überzeugten schwer.«
Friedrich von Schiller (1759–1805)
in »Don Carlos«

Höflichkeit beinhaltet zunächst einmal äußere Formen, wie Danksagen, Grüßen, Anklopfen, oder Sitz anbieten. Kultur und Erziehung prägen hier Vieles. Aber Robert Walser, der Schweizer Schriftsteller, hat nicht solches formales, oft auch kühl-distanziertes Verhalten im Blick, er verweist auf das Herz. Herzenshöflichkeit also, darum geht es ihm. Rücksicht und Respekt gegenüber dem anderen, ja auch Sympathie, Aufmerksamkeit und Interesse, alles dies ist Ausdruck menschlicher Wärme. Wo man einander zugeneigt ist, da drängt sich Höflichkeit geradezu auf. Die Seele verbietet grobes Gebaren.

Herz
Höflichkeit

Wenn vielerorts eine geistige Leere oder das Fehlen klarer Linie beklagt wird, so liegt das an der Verschwommenheit der heute vertretenen politischen und ideologischen Positionen. Für diesen Nebel sind wiederum diejenigen verantwortlich, die eigentlich mit unmissverständlichen Bekenntnissen für Orientierung sorgen müssten. Aber dazu fehlt vielen die innere Überzeugung oder der Mut. Nur nicht anecken, man könnte ja Anhänger verlieren und sich Gegner schaffen. Die Folge ist ein geistiger Brei in vielen Bereichen, mit der weiteren Folge verbreiteter Verunsicherung in der Bevölkerung. Wer an verantwortlicher Stelle wirkt, muss sich zunächst um eine eigene Überzeugung bemühen, sodann Farbe bekennen. Dabei muss er auch das Risiko eingehen, Kritik zu ernten oder gar weitere Nachteile zu erleiden. Courage ist gefragt.

Überzeugen

»*Langeweile ist immer, wo keine reinen Bezüge mehr sind.*«

Erhart Kästner (1904–1974)
in »Stundentrommel vom heiligen Berg Athos«

»*Unsere Spuren, die bleiben länger, als wir denken.*«

Siegfried Lenz (1926–2014)
in »Deutschstunde«

Das ist scharf beobachtet. Langeweile mangels reiner Bezüge, das heißt, der Gelangweilte besitzt keine innere Spannung, es fehlt an einem echten Interesse für irgendetwas, ja, sein Denken und Tun sind auf kein Ziel gerichtet. Es offenbart sich eine Weltferne, eine Isolation, das Dasein ist leer. Was macht man mit solchen Menschen, wenn man Verantwortung für sie trägt, bzw. wenn sie einem nahestehen? Man sollte versuchen, ihnen die Buntheit der Welt zu vermitteln, deren Fülle an Faszinierendem. Mit Geschick und Einfühlungsvermögen gilt es, irgendeine Motivation zu wecken. Denn traurig ist es, mitanzusehen, wenn jemand sein Leben so verplempert.

Langeweile

Es lohnt, über diesen Satz nachzudenken. Bleibende Spuren: So vieles kann gemeint sein: natürlich Berufliches, aber auch eine gute Tat, ein kluger Rat, eine Hilfe, ein Geschenk. Wir haben es vielleicht schon vergessen, aber der Dank oder sonstige positive Folgen wirken noch nach. Gravierender meist der umgekehrte Fall: ein egoistisches Tun, eine Nachlässigkeit oder auch ein falsches, oft gar nicht ernst gemeintes, jedoch verletzendes Wort. Manche Wunde heilt nur langsam, manche Narbe bleibt für immer.

Spuren

»Je größer der Blödsinn, den die Leute reden, umso sicherer kann man sein, dass er eines Tages eintritt.«

Sándor Márai (1900–1989)
in »Wandlungen einer Ehe«

»Gesundheit ist Gleichgewicht.«

Rainer Maria Rilke (1875–1926)
in »Worpswede«

Das sind Erkenntnis und Warnung zugleich. Immer wieder gebären Hirne irgendwelchen Unsinn, dessen Verwirklichung man sich beim besten Willen nicht hatte vorstellen können, in den politischen Ideologien, den Wirtschaftsphilosophien, der Psychologie, oder man denke nur an die totalen Entgleisungen in Musik, Literatur oder bildender Kunst. Der Satz Márais ist nicht ohne Witz, aber es wäre leichtfertig, ihn nicht ernst zu nehmen. Abstruse Ideen verbreiten sich schnell wie Viren. Man kann nur staunen, wofür der menschliche Geist so empfänglich ist. Wachsamkeit und Realitätssinn sollten hier und da für Immunität sorgen.

Blödsinn

Rilke erinnert uns an einen sehr wahren Aspekt der Gesundheit, an den man nicht unbedingt sofort denkt: das Gleichgewicht. In der Tat, mit einer Krankheit ist das Gleichgewicht gestört, der Alltag ist ein anderer geworden. Elementares besitzt plötzlich Vorrang. Manches, das bis dahin Bedeutung besaß, tritt in den Hintergrund. So wünschen wir allen Kranken, dass sie ihr Gleichgewicht bald wiederfinden mögen, und denen, die bisher verschont geblieben sind, dass es dabei bleibt.

Gesundheit

»Ihr lebt seit Langem schon in Frieden und wisst nicht mehr, wie man kämpft, während wir gerade die Welt erobern.«

Paulo Coelho (geb. 1947)
in »Der Fünfte Berg«

»Ich nehm' die Menschen, wie sie sind, gelassen, gewöhne mich zu dulden, was sie tun.«

Molière (1622–1673)
in »Der Menschenfeind«

Es lässt sich leicht vorstellen, wer so denkt. Langer Friede, auch wenn man ihn sich noch so wünscht, macht schläfrig. Wachheit, Kampfkraft und die Fähigkeit zur kritischen Analyse der Realität schwinden. Alle Errungenschaften scheinen selbstverständlich. Die Geschichte ist voll von Beispielen. Wie viele Reiche und Ordnungen sind schon genau aus diesem Grund untergegangen. Die Ursachen für Auflösung wiederholen sich. Wer ist für die naive und lethargische Haltung verantwortlich? Sicher nicht primär die Jugend. Sie legt sich seit Jahrzehnten ins gemachte Nest des freiheitlichen Rechtsstaats, kennt nichts anderes. Es sind wir Erwachsenen, welche die Reife besitzen sollten, endlich den Blick für die äußeren und inneren Gefahren zu schärfen.

Kontroversen, Konflikte, Missverständnisse – ein Jahr ist voll davon, jedes Jahr ist es. All das belastet, macht das Leben schwerer. Und da kommt Molière und sagt sinngemäß: »Da mache ich nicht mit, ich bin klüger. Man kann die Menschen ja doch nicht ändern. Ich übe mich lieber in Gelassenheit und Geduld.« Das nächste Weihnachten kommt bestimmt, das Fest des Friedens und der Harmonie. Wäre das nicht eine Gelegenheit, es Molière ein wenig nachzutun? Täten wir uns selbst nicht den größten Gefallen? Versuchen wir es. Die Reaktion der anderen wird unser Bemühen belohnen. Hoffentlich!

Gelassenheit

Frieden

»So schön die Jugend ist, die Zeit der Gärung und der Kämpfe, so hat doch auch das Altwerden und Reifwerden seine Schönheit und sein Glück.«

Hermann Hesse (1877–1962)
in »Mit der Reife wird man jünger«

»Die Freude soll ihr Meisterstück machen.«

Friedrich von Schiller (1759–1805)
in »Die Verschwörung des Fiesco zu Genua«

Für junge Menschen vielleicht schwer vorstellbar, besonders in Zeiten, da so viel vom Jugendwahn der Älteren die Rede ist. Natürlich hat das Alter seine Lasten. Allerdings ist die Tatsache, dass der größte Teil der Lebensstrecke bereits zurückgelegt wurde, weniger schmerzlich, als es sich die Jugend vielleicht vorstellt. Nein, Vieles, das in der Jugend als schwer oder gar quälend empfunden wird, pflegt im Alter in der Regel zu fehlen oder nur noch in entschärfter Form aufzutreten: Prüfungs- und Berufsstress, drückende Verantwortung, Zukunftsungewissheit oder Liebesdramen, wobei hinter Letztere wohl doch ein Fragezeichen zu setzen ist. In vorgerückten Jahren wachsen Gelassenheit, Geduld, innere Unabhängigkeit – und wenn man Glück hat, Weisheit und Humor.

Jugend, Alter

Für die Christen ist Weihnachten die Zeit, in der sich das Wort Schillers vor allem erfüllen soll. Obwohl in vielen Weihnachtsliedern besungen, ist doch nicht wenigen Menschen der Sinn dafür verloren gegangen, was den Begriff »Freude« so heraushebt. Spaß, Amüsement haben mit dem elysischen Funken, den Schiller auch in der Ode »An die Freude« preist, nichts zu tun. Bei großen religiösen Festen geht es nicht um Frohsinn und Vergnügen, sondern um Heiliges, um die göttliche Quelle von allem. Wem das zu Herzen geht, der erlebt Freude.

Freude

»*Des Volkes Wohlfahrt ist die höchste Pflicht.*«

Friedrich von Schiller (1759–1805)
in »Maria Stuart«

»*Mir wässert schon der Mund nach leckerm Bissen.*«

Franz Grillparzer (1791–1872)
in »Weh dem, der lügt!«

Das entlehnt Schiller der Weisheit des Römers Cicero, der es so formulierte: »salus populi suprema lex«, also »Das Wohl des Volkes sei das oberste Gesetz«. Das Problem allerdings: Was dem Volk am meisten nützt, ist meist umstritten – im Kleinen wie im Großen. Man schaue sich nur die verschiedenen Glaubensdogmen oder Parteiprogramme an. Viele Missionare und Ideologen aller Couleur sind unterwegs, um zu belehren und zu bekehren. Man wird, wo es um Meinungen geht, kaum einmal zu unangreifbaren, letztgültigen Erkenntnissen gelangen. Dazu ist die Welt zu komplex. Und doch besitzen Ciceros und Schillers Worte einen tieferen Sinn, und zwar als Postulat, ja als Imperativ. Wer immer Verantwortung für die Gemeinschaft trägt, hat zu allererst diese und nicht seine eigenen Interessen im Blick zu haben.

Wohlfahrt

Ob Grillparzer diese Worte wohl in der Weihnachtszeit geschrieben hat? Gans, Ente, Wiener Würstl, Fondue, Lebkuchen, Plätzchen, Marzipan, Bratäpfel, Christstollen, Schokoladenkringel, veredelt durch gute Tropfen aller Art. Die Genüsse locken, und wir sollten sie uns gönnen, denn wir haben ja einiges hinter uns, das nun wirklich an die Nerven ging. Allein die Stichwörter »Corona« und »Trump« sprechen für sich. Da uns ungewöhnliche Lasten nach wie vor nicht loslassen, sollten wir uns den schönen Dingen zuwenden. Und zu ihnen gehört nun mal die kulinarische Lust im Munde.

Kulinarik

»Es ist schwer, anderen Menschen die Größe von Dingen klarzumachen, die ihnen gering erscheinen.«

T. S. Eliot (1888–1965)
in »Ein verdienter Staatsmann«

»Das Denken gehört zu den größten Vergnügungen der menschlichen Rasse.«

Bertolt Brecht (1898–1956)
in »Leben des Galilei«

Das ist wahr; denn um Großes zu erkennen, bedarf es des Wissens, zumindest eines Gespürs, man kann auch sagen, der Antennen. Und wie schnell ist so mancher mit Geringschätzung bei der Hand. Da macht man sich über Richard Wagner lustig, indem man die Länge seiner Opern bemängelt oder ihn auf »Walalla! Lalaleia!« reduziert. Oder man würdigt abstrakte Malerei mit der Begründung herab, man könne ja nichts erkennen. Wiederum andere sprechen über Tennis als einem langweiligen »Pingpong«, bar jeder Ahnung, was alles dazu gehört, ein Spitzenspieler zu sein. Ganz oben mitzumischen, setzt in allen Lebensbereichen, wo Leistung gefordert ist, eine gewisse Genialität voraus.

Geringschätzung

Ja, das Denken ist wohl eines der Attribute, die uns Menschen am signifikantesten kennzeichnen. Und wie sehr hat es besonders die Philosophen seit Jahrtausenden beschäftigt. Geist und Seele: ein unerschöpfliches Thema. Aber wer Brecht genau liest, entdeckt auch seine Ironie, ja Süffisance. Das Denken gebiert wahrlich nicht nur Positives, Segensreiches. Es ist auch ein Prozess mit verrückten und gefährlichen Produkten. Der Blick in die Vergangenheit liefert Beispiele zuhauf. Und die Gegenwart? Erheben wir uns nicht über unsere Ahnen. Auch wir haben genug zu bieten, das man dereinst als Irrweg bezeichnen wird.

Denken

»Der Tag ohne Streit bringt ruhigen Schlaf in der Nacht.«

Baltasar Gracián (1601–1658) in »Handorakel und Kunst der Weltklugheit«

Damit meint der spanische Autor nicht, dass man jeder Auseinandersetzung aus dem Weg gehen sollte. Zum Leben gehört auch der Kampf, denn fast jeder trifft hier und da auf Rivalen oder auch auf Meinungen, die nicht hinnehmbar, weil auf irgendeine Weise gefahrbringend sind. Und solcherlei Konflikte dürfen durchaus auch offen ausgetragen werden. Das dient der Klärung, oft auch der eigenen Gesundheit. Wer seine Emotionen ständig unterdrückt, kann bald beim Arzt oder Psychotherapeuten landen. Aber der kluge Mensch fühlt, wo Zwietracht zu unnötiger Belastung führt und den Schlaf raubt. Dann lieber mal Zurückhaltung üben.

Streit
Schlaf

»Es ist des Himmels wunderbare Fügung, die mir den Mund in dieser Sache schließt.«

Heinrich von Kleist (1777–1811) in »Der zerbrochene Krug«

Das entsprechende Sprichwort »Reden ist Silber, Schweigen Gold«, kennt jeder. Letzteres ist Erkenntnis und Appell zugleich, die Worte der Eve in Kleists Schauspiel dagegen stehen primär für Dankbarkeit. Der Mensch hat seine Worte wahrlich nicht immer unter Kontrolle. Manches wird spontan und unbedacht geäußert, das man schon kurz darauf bereut. Worte lassen sich nachträglich meist nicht mehr einholen. Zorn, Wut, Unbeherrschtheit, aber auch der Wille, witzig, originell oder schlagfertig zu wirken, sind prädestiniert, Äußerungen zu tun, die Missklang erzeugen. Wenn es dagegen gelingt, im richtigen Augenblick auch einmal zu schweigen, dann hat manchmal vielleicht doch ein Himmel dabei mitgewirkt.

Schweigen

*»Der Ungeduldige
fährt sein Heu nass ein.«*

Wilhelm Busch (1832–1908),
zitiert in der Busch-Biografie von
Friedrich Bohne

*»Du wolltest Gerechtigkeit.
Nun, es gibt keine.
Gibt nur die Welt.«*

Archibald MacLeish (1892–1982)
in »Spiel um Job«

Wohl dem, der Geduld besitzt, denn das Gegenteil, Ungeduld, schafft Zweifel, Unzufriedenheit, Gereiztheit, Wut und Ängste. Bei der Geduld geht es um die Länge des Weges zum Ziel. Wer da das rechte Augenmaß besitzt, erspart sich nicht nur Leid, sondern wird ruhiger, beherrschter und souveräner, womit zugleich seine Chancen auf Erfolg steigen. Nun verführt unser hektisches Leben jedoch oft zur Ungeduld. Schnelle Erfüllung — darum geht es vielen. Aber wie trügerisch! Wer eine Sache beherrschen will, braucht Zeit. Wem das Abwarten schwerfällt, sollte immer wieder seine Selbstwahrnehmung überprüfen.

Ungeduld

Der Satz des Autors zerstört vielleicht Illusionen, denn Gerechtigkeit zu üben, zählt doch spätestens seit der antiken Philosophie zu den höchsten Tugenden. Und dennoch sollte Gerechtigkeit nicht erreichbar sein? Das Problem besteht darin, dass ihr Maßstab in aller Regel subjektiver Natur ist. Fast immer, wenn es um Gerechtigkeit geht, prallen Meinungen aufeinander: in der Politik, bei Examina, Beförderungen und sonstigen Leistungsbeurteilungen, bei der Preisgestaltung, im Sport, bei der Verteilung von Kompetenzen, vor allem auch im gesamten Bereich des staatlichen Gebens und Nehmens. Beispiel Steuergerechtigkeit: Aussichtslos, auf einen Nenner zu kommen. Und doch dürfen wir niemals aufhören, nach Gerechtigkeit zu streben.

Gerechtigkeit

»An irgendetwas in der Welt muss man doch schließlich glauben.«

Molière (1622–1673)
in »Don Juan«

Der Atheist wird entgegnen: »Warum eigentlich? Ein Knall – und da war es, das Universum. Ohne Schöpfer. Reine, blinde Kausalität. Alles wissenschaftlich erklärbar!« Aber ist es wirklich so einfach? Was wäre gewesen, fragte einmal ein kluger Mann, wenn in der DNA, die den Bau der ersten Zelle bestimmte, nicht allerhöchste, also göttliche Intelligenz und Zielsetzung gesteckt hätten? Chaos, nichts als Chaos. Zufall, natürliche Selektion, Selbstorganisation oder auch chemische Selektion hätten ohne Anfangsplan nie Leben erzeugen können. Und warum nicht? Wegen der Menge der Bausteine und der unendlichen Kombinationsmöglichkeiten. Nicht die simpelste Zelle wäre entstanden. Gibt das nicht zu denken?

Glauben

»Wir können über einen Menschen kein sicheres Urteil abgeben.«

August Strindberg (1849–1912)
in »Gespenstersonate«

»Fütter uns mit Lob wie zwei zahme Vögelchen.«

William Shakespeare (1564–1616)
in »Das Wintermärchen«

Kein Tag vergeht, an dem wir uns nicht ein Bild machen von einem Menschen, sei es ein öffentlicher oder jemand aus dem nahen Umfeld. Ganz automatisch, ob wir es wollen oder nicht. Und sind wir uns unserer Einschätzung nicht meistens sehr sicher? Nun könnte man in der Tat gar nicht vernünftig leben, wenn man von morgens bis abends mit dem Zweifel beschäftigt wäre, ob man dem Betreffenden auch wirklich gerecht wird. Aber es schadet nicht, wenn man sich bewusst ist, mit dem anderen ein Mysterium vor sich zu sehen, denn jeder Mensch ist ein solches, ja, jeder ist es letztlich sogar sich selbst. Die tiefsten Wurzeln unserer eigenen Herkunft und Seele sind uns verborgen, umso mehr die der anderen, die sich uns zudem immer nur partiell öffnen. Aber beklagen wir es nicht. Im Gegenteil. Mysterien gehören zum Genius der Schöpfung.

Wie sehr wird vielerorts doch mit Lob gegeizt: von Eltern, Lehrern, Arbeitgebern. Dabei sind die Wirkungen eines Lobes so segensreich. Anerkennung und Bestätigung stiften nicht nur Zufriedenheit und Selbstbewusstsein, sondern motivieren und steigern die Leistungsfähigkeit. Der verunsicherte Mensch lebt in ständiger Sorge, etwas falsch zu machen. Das bremst die Entfaltung, macht unglücklich. Wer mag sich da noch höhere Ziele setzen? Natürlich muss man die Kirche im Dorf lassen, sachlich völlig ungerechtfertigtes Lob ist kontraproduktiv, lässt unerfüllbare Illusionen wachsen.

Lob

Mensch
Mysterium

»Ein Zustand, der alle Tage neuen Verdruss zuzieht, ist nicht der rechte.«

Johann Wolfgang von Goethe (1749–1832)
in »Maximen und Reflexionen«

»Du bist den Menschen gegenüber so nörgelig. Das darf man nicht sein, denn dann wird man einsam!«

August Strindberg (1849–1912)
in »Totentanz«

Schon die Philosophen der Antike wussten, dass der Mensch vor allem nach Glückseligkeit strebt. Und das tun wir wohl alle. Das bedeutet zugleich: Wen andauernder Verdruss plagt, in dessen Leben stimmt etwas nicht. Also sollte er reagieren. Doch wie? Zwei Schritte: 1. Ursachenforschung. 2. Hat man die Quelle des Frustes entdeckt: etwas ändern. Beides klingt einfach und kann doch so schwierig sein, vor allem das Ändern einer Situation. Es erfordert oft viel Kraft und auch Mut. Aber die Uhr tickt, weshalb man um des eigenen Glücks willen bald zur Tat schreiten sollte.

Verdruss

Ein Buchtitel von Eric T. Hansen lautet sogar »Nörgeln, des Deutschen größte Lust«. Nun ja, genörgelt wird sicher auch anderswo. Aber der schwedische Schriftsteller August Strindberg legt den Finger schon zu Recht auf eine Wunde. Der penetrante Nörgler hat etwas Egozentrisches, ihm fehlt das Gespür für sein Umfeld. Ständiges Kritteln, Mäkeln, verdrießliches Murren und Quengeln verdirbt anderen die Laune. Wer nie lobt, zustimmt, lächelt, nie das Tun seiner Mitmenschen fördert, sondern nur missmutig vor sich hinbrummt, wird in der Tat einsam.

Nörgeln
Einsamkeit

»Natur, meinte sie, müsse vertraut sein, sonst spreche sie nicht zum Gemüt.«

Thomas Mann (1875–1955)
in »Die Betrogene«

»In der Sippe bedarf es der festen Autorität. Das sind die Eltern.«

Aus »I Ging, das Buch der Wandlungen« (entstanden im 9. Jh. v. Chr.)

Eine sehr feinfühlige Erkenntnis. Eben typisch Thomas Mann. Es möge sich ein jeder auf Reisen prüfen, ob er es ähnlich erlebt. Das Meer auf den Malediven, die Niagarafälle, die Sahara, die Geysire in Island. Beim ersten Anblick versetzt das alles in Staunen, fasziniert, ist unvergesslich. Doch wie anders wird die Seele berührt, wenn man einen Ort der Natur zum wiederholten Male besucht, wo auch immer es sei, nah oder fern. Vorfreude, aktuelles Erleben, Erinnerungen, also das Verschmelzen von Vergangenheit, Gegenwart und Zukunft: Das alles schafft Vertrautheit und eine so tiefe Beziehung zwischen Mensch und Natur, dass schließlich beide eins werden.

Natur

Anhänger der antiautoritären Erziehung wird diese asiatische Weisheit nicht gefallen. Und doch ist sie richtig. Menschen, die nicht schon als Kinder Ordnung, Strukturen und Grenzen kennenlernen, werden im späteren Leben kaum das rechte Maß finden. Sie ufern aus, ecken an, sind in der Regel zu einem harmonischen Miteinander nicht fähig. Ihre Egozentrik und ihr unkontrollierter Wille, oft auch gepaart mit schlechtem Benehmen, führen leicht in die Isolation. Wer Eltern hat, die klare, vernünftige Leitlinien liebevoll vorgeben, kann nur dankbar sein.

Eltern

»Die Deutschen, und sie nicht allein, besitzen die Gabe, die Wissenschaften unzugänglich zu machen.«

Johann Wolfgang von Goethe (1749–1832)

in »Maximen und Reflexionen«

»Doch niemand darf aus den Augen verlieren, was er wirklich will.«

Paulo Coelho (geb. 1947)

in »Der fünfte Berg«

Goethes kritischer Pfeil richtet sich hier nicht gegen die Wissenschaften als solche, sondern primär gegen deren Vertreter. In der Tat ist es vielen Wissenschaftlern nicht gegeben, ihren Stoff so zu präsentieren, dass Leser oder Zuhörer folgen können. Natürlich zählen zu den Wissenschaften Bereiche, die sehr abstrakt oder mit mathematischen Formeln verbunden sind. Aber selbst dort scheidet sich Spreu vom Weizen. Wer die Gabe besitzt, sich feinfühlig in den Adressaten hineinzuversetzen, der wird sein Publikum eher erreichen als der, welcher aus seinem Elfenbeinturm nicht herauskommt. Und ist es nicht manchmal auch so, dass das Unvermögen, sich verständlich auszudrücken, daher rührt, dass der Betreffende sein eigenes Metier nicht durchdrungen hat?

Wissenschaften, deutsches Wesen

Das klingt nach Binsenwahrheit. Aber hat der brasilianische Schriftsteller vielleicht doch Grund für seinen Appell? Wissen wir wirklich genau, was wir wollen, und handeln wir danach? Sind wenigstens unsere größeren Ziele definiert? Was ist uns wichtig? Was ist realistischerweise erreichbar, das heißt: Welche Ziele entsprechen unserem Können und unseren Möglichkeiten? Die Erfahrung lehrt, dass sich der Mensch wohler fühlt, wenn er sich nach einer Zeit diffuser Zukunftsvorstellungen Klarheit verschafft. Dann kann er seine Kräfte bündeln und mit Sinn und Motivation die Aufgabe in Angriff nehmen.

Mensch

Ziele

»Gleichgültigkeit – ist Paralyse der Seele, ein vorzeitiger Tod.«

Anton Tschechow (1860–1904)
in »Eine traurige Geschichte«

»Was kann der Schöpfer lieber sehen als ein fröhliches Geschöpf!«

Gotthold Ephraim Lessing (1729–1781)
in »Minna von Barnhelm«

Dichterische Deutlichkeit. Das klingt hart, ist im Kern aber wahr. Der Gleichgültige ist der Interesselose, der Zustände, seien sie gut oder schlecht, ohne eigene Wertung hinnimmt. Gefühllos lässt er alles so, wie es ist. Solche Abgestumpftheit isoliert, die Verbindungen zur Außenwelt sind gekappt. Das passive Verharren des Gleichgültigen verknüpft sich oft auch mit einem Mangel an Zielstrebigkeit, was die Seele nur noch weiter lähmt. Etwas ganz anderes jedoch ist Gelassenheit. Wer über sie in Maßen verfügt, tut sich und den anderen einen Gefallen.

Gleichgültigkeit

Wer nicht an einen Schöpfer glaubt, wird nicht verstehen, was Lessing meint. Der Gläubige jedoch weiß, wem er das Geschenk Leben zu verdanken hat. Und warum sollte Gott dieses Geschenk mit dem Wunsch verbinden, den Menschen unglücklich zu machen? Kosmos und Erde sind so voller Herrlichkeiten, dass Menschen von niemals fröhlichem Herzen einen Widerspruch zu all diesen Wundern bilden würden. Fröhlichkeit und Heiterkeit sind Ausdruck von Zufriedenheit mit dem eigenen Schicksal, ja, der Fröhliche wird in seiner positiven Gestimmtheit auch immer der Dankbare sein, die Gnade der Geburt empfangen zu haben. Und das müsste Gott doch gefallen!

Gott
Fröhlichkeit

*»Alter wird nur gering,
wenn es Jugend spielen will.«*

Hermann Hesse (1877–1962)
in »Mit der Reife wird man jünger«

*»Aber was da innen sich in uns
reget, das hat Gott nicht umsonst
dem Auge anderer verborgen.«*

Jeremias Gotthelf (1797–1854)
in »Elsi, die seltsame Magd«

Alte Menschen leben in gewissem Sinne in einer eigenen Welt, weil geprägt durch andere, nicht unbedingt schlechtere Zeiten. Der größere Teil der Wegstrecke ist Vergangenheit. Lasten und Verantwortung wurden getragen, manches aufgebaut, oft zum nachhaltigen Nutzen der Jungen. Erfahrung und Reife haben sich gebildet, in einem gelungenen Leben auch Zufriedenheit und Weisheit. Daraus entstehen Gelassenheit, Ruhe und Maß, auch der gelegentliche Blick auf das Ende gehört dazu. Das alles hat seinen eigenen Wert und Zauber. Wer da meint, im ewigen Jungbrunnen zu plätschern, kann kindischer Wirkung sicher sein.

Alter

Man stelle sich vor, die Gedanken eines Menschen lägen offen zutage. Einfach furchtbar! Nicht nur, weil es Gedanken sein können, die den anderen kränken oder verletzen. Es war eine weise Idee des Schöpfers, dass jedermann seinen Mitmenschen ein Geheimnis ist. So besitzt auch jeder seine Welt für sich, kann still streben, planen, schwärmen, lieben, genießen, zürnen, leiden, was auch immer. Es macht das Leben so reizvoll, in jedem Augenblick, in jeder Situation entscheiden zu können, ob man einen Gedanken oder ein Gefühl preisgibt oder nicht. Diese Freiheit zählt überhaupt zum Aufregendsten in unserem Dasein.

Mensch
Innerstes

»*Vollkommene Vernunft ist nie extrem; sie will, dass man mit Maßen weise sei.*«

Molière (1622–1673)
in »Der Menschenfeind«

»*So geh denn schlafen, das ist zu Nacht der Müden Pflicht!*«

Franz Grillparzer (1791–1872)
in »Weh dem, der lügt!«

Molière ist offenbar Menschen begegnet, die sich für allwissend hielten, die zu allem mit einer vermeintlichen Wahrheit aufwarteten, die überzeugt waren, ihr Verstand durchdringe alles und jedes auf dieser Welt. Nun kann man jene, denen hohe Bildung und ein überragender Geist eigen sind, nur bewundern, aber Molière jedenfalls sind sie dann verdächtig, wenn sie sich der Grenzen menschlicher Erkenntnis nicht mehr bewusst sind, wenn es für sie immer nur eine Wahrheit gibt. Das Leben ist so komplex, so vielfältig, in vielem so undurchschaubar, ja auch so voller Mysterien, dass es von weiser Vernunft zeugt, wenn der Mensch immer mal wieder bekennt: »Das weiß ich nicht.«

Vernunft

Pflicht, weil Notwendigkeit: Absinken der Körpertemperatur um ein Grad, Energieersparnis, Abnahme von Herzfrequenz und Blutdruck. Die Atmung wird flacher und regelmäßiger, Muskeln entspannen. Das so wichtige Schlafhormon Melatonin wird nach allen Studien jedoch dann nicht genügend produziert, wenn der Schlaf von Geräuschen begleitet wird oder Lichtquellen nicht ausgeschaltet sind. Das irritiert die innere Uhr. Nach Meinung der Forscher verlangsamt Schlaf auch den Alterungsprozess, ja macht den Menschen sogar schöner und attraktiver. Und eine Erfahrung hat schließlich jeder schon gemacht: Es hilft, eine unangenehme Sache erst mal eine Nacht zu überschlafen.

Schlaf

»Pause: immer zu lang.«

Gustave Flaubert (1821–1880)
in »Wörterbuch der Gemeinplätze«

»Meine Art von Wissen gehört nicht zu der, die sich beweisen lässt.«

Michael Ende (1929–1995)
in »Die unendliche Geschichte«

Als Schüler würde ich dem natürlich nicht zustimmen. Aber Flaubert hat schon ein feines Gespür für die Länge von Pausen in vielen Veranstaltungen. Nun mag man einwenden, dass die einstündige Pause bei der »Götterdämmerung« in Bayreuth der notwendigen Erholung der Sänger (wohl auch des Auditoriums) geschuldet ist. Und auch das Catering soll ja auf seine Kosten kommen. Ähnliches gilt für die Viertelstundenpause beim Fußball, einem brutal anstrengenden Sport. Aber man erlebt doch immer wieder Veranstaltungen, bei denen die Organisatoren das Feeling dafür vermissen lassen, wie sehr eine zu ausgedehnte Pause die Gestimmtheit des Publikums zerstört, vor allem bei Ereignissen der Kultur. Tiefes Erleben ist nur möglich, wenn sich der Zuschauer ganz und gar in das Geschehen einlassen kann. Lange Pausengespräche etwa über Trump oder Klimawandel zerstören da manches.

Wann war der Dreißigjährige Krieg? Wer war der erste deutsche Bundeskanzler? Die Entfernung zwischen Erde und Mond? Jeweils nur eine richtige Antwort – und immer beweisbar. Welches Wissen ist aber nicht beweisbar? Was meint Michael Ende in seinem berühmten Roman? Zunächst einmal die Erfahrung. Wer viel erlebt hat, weiß bestimmte Situationen und Entwicklungen besser einzuschätzen. Sodann der Instinkt, ein problematischer und in Psychologie und Verhaltensforschung höchst umstrittener Begriff. Man ist sich nicht einmal einig, ob Instinkte naturgegeben sind. Aber sie sind Teil unserer geistigen Disposition, und sie beeinflussen unser Handeln (Beispiel: Fluchtinstinkt). Schließlich ist die Weisheit etwas, das sich nicht messen, nicht beweisen lässt. Aber wohl dem, der sie besitzt.

Wissen

Pausen

»Jede Krankheit führt mit dem Menschen ein für andere nicht hörbares Gespräch.«

Tschingis Aitmatow (1928–2008) in »Aug in Auge«

»Wer ordentlich beschäftigt ist, hat keine Zeit zu Dummheiten.«

Seneca (1– 65 n. Chr.) in »Epistulae morales ad Lucilium«

Eine sehr feinfühlige Beobachtung des kirgisischen Autors. So sehr man sich während einer Krankheit anderen auch offenbart, so bleibt oft doch auch Unausgesprochenes. In dieser Situation des Verlustes leib- seelischen Gleichgewichts, in der die Zerbrechlichkeit der Gesundheit, vielleicht sogar des Lebens erfahren wird, kann durchaus so etwas wie ein Zwiegespräch mit der Krankheit stattfinden. Sie hat etwas zu sagen, was der Kranke vielleicht für sich behält, umgekehrt führt ihre starke Präsenz zu Fragen des Kranken nach dem Warum, der Dauer, den Folgen. Nicht selten ist der Genesungswille gepaart mit Versprechen, einen ungesunden Lebenswandel zu ändern. So gesehen erhält die Krankheit, dieses feindliche Gegenüber, für manchen geradezu personale Züge.

Krankheit

Steter Müßiggang ist ein langsam, doch sicher wirkendes Gift. Ja, Dummheiten sind, wie der römische Philosoph richtig erkennt, oft die Folge, aber auch Erschlaffung, Frust und Öde. Arbeit dagegen hilft dem Menschen, sich zu entwickeln, was bereits die Jugend lernen sollte. Und es ist auch nicht nur der Broterwerb, den Arbeit ermöglicht. Sie stiftet dem Leben Sinn und verleiht Würde und Anerkennung. Das Glück liegt in der klugen Balance zwischen Aktion und Muße.

Beschäftigung

»Es ist bedauerlich, dass man den Kindern heute alles erleichtern will. Die ganze Pädagogik kennt jetzt nur noch die Sorge um die Erleichterung.«

Fjodor M. Dostojewski (1821–1881)
in »Tagebuch eines Schriftstellers«

»Denn Liebe stirbt und wird belebt durch Blicke.«

William Shakespeare (1564–1616)
in »Venus und Adonis«

Das schrieb der Dichter schon vor rund 150 Jahren! Heute spricht man von Rasenmäher-, Schneepflug- oder Curlingeltern: Es gilt, alle Hindernisse aus dem Weg zu räumen. Das Ziel: glückliche Kinder. Doch welch Irrweg. Übertriebene Hilfe bei Hausaufgaben, in jeden Streit immer sofort schlichtend eingreifen, keine Unterstützung im Haushalt fordern. Was jeden Frust von den Kindern fernhalten soll, verhindert nicht nur ihre Persönlichkeitsentwicklung, weil sie nicht aus Fehlern lernen und nie wirklich eigene Erfolge erzielen. Auf diese Weise schafft man auch ein Heer von kleinen Tyrannen.

Kindererziehung

Man kann das Auge rein anatomisch betrachten: Iris, Pupille, Netzhaut. Aber ist es nicht ein Wunder, was es alles vermag? Es verhilft nicht nur zum Sehen, sondern zum Blicken, das heißt zum Senden. »Da traf mich sein Blick«, singt Kundry bei Wagner. Gemeint war der Blick des Parsifal. Und wie breit das Spektrum an Blicken, zu dem das Auge fähig ist: finster, wütend, milde, flüchtig, ängstlich, keck, verächtlich, kalt, strahlend – und eben liebend, wovon Shakespeare spricht. Wie ist das nur möglich? Es ist die Seele, die sich des Auges als Medium, als Sender bedient. Nicht anders ist die Vielfalt der Äußerungen des Auges zu begreifen.

Liebe

»Mein Freund, zu Hause bleibe, wer getrunken hat!«

Euripides (ca. 480–406 v.Chr.)
in »Der Kyklop«

»Der Schmerz vermindert sich im Klagen.«

Johann Wolfgang von Goethe
(1749–1832)
in »Die Mitschuldigen«

Ein kluger Rat, offenbar schon vor zweieinhalbtausend Jahren. Aber was würde der griechische Dichter erst sagen, wenn er unseren Straßenverkehr, seine Dichte, seine Gefährlichkeit kennte? Ein Blick in die Statistik öffnet die Augen. 2019 ereigneten sich in Deutschland rund 36 000 Unfälle, die auf Alkoholgenuss zurückzuführen waren, davon rund 14 000 mit Personenschaden. Bei mehr als jedem dritten Unfall zwischen 0 und 2 Uhr nachts war Alkohol im Spiel. Und wie steht es mit den Verkehrstoten? Acht Prozent von ihnen starben, weil einer der Unfallbeteiligten alkoholisiert war. Und welche Altersgruppe ist die leichtsinnigste, was Straßenverkehr und Alkohol betrifft? Es sind die 21- bis 24-Jährigen. Sie verunglücken aufgrund Alkohols doppelt so oft wie die 18- bis 20-Jährigen, ja, auch doppelt so oft wie die 25- bis 64-Jährigen.

Goethe hatte sicher nicht den Jammerlappen vor Augen, der bei jeder Kleinigkeit die Beherrschung verliert und an andere hinlamentiert. Es geht um echten Schmerz, um wirkliche seelische Not, worin auch immer ihre Ursachen liegen mögen. Da ist es ein Glück, sich jemandem mit seinem Leid offenbaren und anvertrauen zu können. Unerträglicher Druck kann so von einem genommen werden. Ein Gefühl der Befreiung, ja im wahrsten Sinne des Wortes auch Erleichterung tritt ein, ganz abgesehen davon, dass der Gesprächspartner vielleicht eine Lösung für das Problem liefert. Das Leiden in sich zu verschließen, kann es vergrößern und sogar zu einer generell negativen Lebenseinstellung führen.

Schmerz

Klagen

Alkohol

> »Mir macht der schlechte Zeitgeschmack fast Angst.«
>
> Molière (1622–1673)
> in »Der Menschenfeind«

Über Geschmack könne man nicht streiten, heißt es. Aber warum eigentlich nicht, wenn man doch betroffen oder gar entsetzt ist, wie Molière es seinerzeit auch war? Und heute? Schauen wir nur auf die Kultur. Die Bühnen: voll von Respektlosigkeiten und Sinnentstellungen. Die bildende Kunst: Hässliches, nicht das Schöne hat Konjunktur. Auch das Dürftige feiert Erfolge: Eine blaue Fläche (nichts sonst) bringt auf Auktionen sechsstellige Erlöse (Yves Klein). Das geschriebene Wort: Obwohl für obszöne Elaborate bekannt, gibt's den Literaturnobelpreis (Elfriede Jelinek). Die Musik: Zielt ein Stück auf größtmögliche Anarchie (jeder soll spielen, was er will), gilt man als einer der größten Komponisten seines Jahrhunderts (John Cage). Und über solche Entgleisungen des Geistes soll man nicht streiten? Man tue es, schon um den nachfolgenden Generationen nicht ein gar zu schlechtes Bild von uns zu liefern.

Zeitgeschmack

> »An diesen Sonntagen lernte Jacques, dass die Gesellschaft von Männern gut war und das Herz erwärmen konnte.«
>
> Albert Camus (1913–1960)
> in »Der erste Mensch«

Unsere Zeit neigt zur Vermischung der Geschlechter. Die Ursachen liegen im Rechtlichen (Gleichheitsgrundsatz), in der beruflichen Angleichung, im Gedankengut der Emanzipation. Spielt dabei aber vielleicht auch eine wesensmäßige Angleichung der Geschlechter hinein? Werden die Frauen männlicher – und umgekehrt, weil sich die Rollen auf vielen Ebenen angleichen? Jacques in Camus' Roman wäre kein Freund solcher Entwicklung gewesen. Sein Herz erwärmte es, wenn er sich mal in reiner Männerrunde fand, so wie es der Wunsch vieler Frauen war, einmal unter sich zu sein. Aber passt das Wort »war« überhaupt? Ist es nicht auch heute noch von besonderem Reiz, wenn Männer oder Frauen gelegentlich unter sich bleiben? Man erlebt solche Runden jedenfalls in der Regel sehr munter, fröhlich und in angeregten Gesprächen – und wenn man genau beobachtet, immer wieder auch mit geschlechtsspezifischen Schwerpunkten.

Männergesellschaft

»Die Sterne, die Sterne bilden unsere Sinnesart, sonst zeugte nicht so ganz verschiedne Kinder ein und dasselbe Paar.«

William Shakespeare (1564–1616)
in »König Lear«

Ob es wirklich die Sterne sind, darüber mag man spekulieren. Was aber ebenso wahr wie erstaunlich ist: Die Verschiedenheit von Geschwistern – trotz gemeinsamer Eltern. Als Erbrechtler hatte ich jahrzehntelang Berührung mit Familien, natürlich auch Familienkonflikten. So oft bildeten gerade die unterschiedlichen Charaktere der Geschwister die Ursache für Unmut und Streitereien, vor allem der erwachsenen Geschwister, bei denen sich ihre Eigenschaften bereits fest geformt hatten. Die Verschiedenheit kann alles betreffen: Egoismus, Gier, Temperament, Großzügigkeit, Intelligenz und Klugheit, das Merkantile oder Musische, Harmoniebedürfnis, Rücksicht, Fairness, Familiensinn, ja, wirklich auch Gut und Böse. Natürlich finden sich bei Geschwistern oft innere oder äußere Ähnlichkeiten. Aber jede Zeugung ist eine neue Mischung.

Sterne
Kinder
Vielfalt

»Manchmal ist es klüger, die Dinge zu belassen, wie sie sind.«

Paulo Coelho (geb. 1947)
in »Der Alchimist«

Dieser Satz des brasilianischen Schriftstellers berührt den Kern menschlichen Handelns: verändern oder bewahren? Eine Frage, vor der man ständig steht, jedenfalls dann, wenn man mit einem Zustand irgendwie unzufrieden ist. Kann man es besser machen? Die Schwierigkeit besteht darin, dass sich die Folgen der Veränderung nie exakt vorhersagen lassen. So ist nun einmal unser Leben. Veränderung birgt oft unbekannte Risiken, Bewährtes dagegen steht für Erfolg. Deshalb hat Coelho schon Recht: Es ist in der Tat manchmal klüger, die Dinge zu belassen, wie sie sind.

Bewahren

»Sei nicht ungeduldig, wenn man deine Argumente nicht gelten lässt!«

Johann Wolfgang von Goethe (1749–1832)
in »Wilhelm Meisters Wanderjahre«

»Wo ich nicht klar seh, schweig ich lieber.«

Sophokles (ca. 495–406 v. Chr.)
in »König Ödipus«

Ein wertvoller Rat! Wer ist noch nicht verzweifelt an Unvernunft und Uneinsichtigkeit von Mitmenschen? Klar, die andere Seite, die man überzeugen möchte, sieht es vielleicht genauso. Aber es gibt schon Wahrheiten und Weisheiten, die ganz offenkundig richtig sind und für die zu kämpfen lohnt. Gewisse Irrtümer und Illusionen blühen wieder und wieder und werden dann doch irgendwann als solche entlarvt. Deshalb gilt es, auch in vermeintlich aussichtsloser Diskussion die Geduld nicht zu verlieren. Auch im Meinungsstreit höhlt steter Tropfen den Stein.

Ungeduld

Wer wollte dieser Weisheit nicht spontan zustimmen? Und doch ist sie eine Illusion. Der Grund: Wer kann schon sicher sein durchzublicken – oder eben doch nicht? Die Welt, das Leben – alles ist so unendlich komplex: Wissenschaft, Politik, Wirtschaft, Technik, Kultur, das Berufliche, aber auch die privaten Bereiche, dort zum Beispiel die Beziehungen. Es ist ganz natürlich, dass man sich von Vielem ein Bild macht, das sich dann zu festen Überzeugungen formt. Und doch hat man mangels Detailkenntnis häufig keine Chance, die Dinge fundiert zu bewerten, schon gar nicht, zukünftige Entwicklungen zuverlässig vorauszusagen. Wie oft fischen wir doch im Trüben. Was bleibt uns also von Sophokles' Wahlspruch? Im Zweifel mal nicht seinen Senf dazu geben.

Klugheit
Schweigen

»Die Schuld wird schön durch Bezahlung.«

Alexander Puschkin (1799–1837)
in »Der Sargtischler«

»Die gute Erziehung besteht nicht darin, dass du nicht die Sauce auf dem Tischtuch ausleerst, sondern darin, dass du es nicht bemerkst, wenn es ein anderer tut.«

Anton Tschechow (1860–1904)
in der Novelle »Missius-Erzählung eines Künstlers«

Wer kennt dieses Gefühl der Erleichterung nicht? Die letzte Rate ist gezahlt, für Haus, Auto oder Waschmaschine. Jahrelang wurde abgebucht, und ein bestimmter Betrag stand von vornherein nicht zur Verfügung. Und wegen des bis zur vollständigen Bezahlung oft vereinbarten Eigentumsvorbehalts gehörte einem die Sache nicht einmal. Und dann eines Tages kommt der große Moment: Die Schuld ist getilgt. Man hat es geschafft. Eine Abhängigkeit weniger. Ein Gefühl von Freiheit macht sich breit, oft allerdings begleitet von dem Beschluss, etwas Neues zu kaufen – und warum nicht auf Kredit?

Schuldentilgung

Eine feinfühlige Weisheit. Und Tschechow hatte Grund, sie auszusprechen. Dezenz und vornehmes Übergehen von Missgeschicken anderer ist nicht jedermanns Stärke. Im Gegenteil. Schadenfreude zählt nun einmal zu den menschlichen Schwächen. Wo manchmal Mitleid gefragt wäre, macht sich jemand über den armen Pechvogel auch noch lustig. Natürlich ist nicht zu leugnen, dass gewisse Situationen durchaus komisch sind, aber man sollte dann in der Wunde der Peinlichkeit nicht noch weiter bohren.

Missgeschick
Schadenfreude

»Man kann seinen Kindern nicht die Sehnen der Füße durchschneiden.«

Ernst Wiechert (1887–1950)
in »Die Jeromin Kinder«

»Schon gut: Man muss sich fügen in die Zeit.«

William Shakespeare (1564–1616)
in »Othello«

Der Mensch ist ein Gewohnheitstier, geprägt durch viel Äußeres: Landschaft, Sprache, Sitten, Kultur. Aber alles fließt, sagt Heraklit, der griechische Philosoph, der Wandel gehört zum Leben. Neue Regeln fordern ständiges Umlernen und Anpassen. Andernfalls bekommt man Probleme. An Beispielen fehlt es nicht. Für die Befolgung staatlicher Regeln gilt dies ohnehin. Aber etwa auch für die Rechtschreibung. Kaum eine der vor einigen Jahren erzwungenen Vorgaben führte zu einer Verbesserung, zu mehr Sinn, im Gegenteil. Aber man muss mitmachen, etwa als Autor oder wenn man sich mit Kindern oder Enkeln austauscht, die man mit den alten Regeln nicht irritieren darf. Kontinuität und Vertrautheit sind Lebensqualität, aber man kann sich dem Wandel, auch einem, der keinen Fortschritt bringt, nicht überall entgegenstellen. Sonst ist man out.

Wandel der Zeiten

Ein martialisches Bild, aber ein wahres. Festhalten oder Loslassen: Ein kompliziertes Spannungsverhältnis, mit Gültigkeit in vielen Bereichen: in hoffnungslosen Liebesbeziehungen, bei der Übergabe von Unternehmen und Ämtern, aber eben auch im Verhältnis zwischen Eltern und Kindern. Die Welt funktioniert nur, wenn sich die nachfolgende Generation gemäß ihren eigenen Begabungen entfalten kann, wenn sie rechtzeitig Selbstständigkeit und Verantwortung, das heißt, den Ernst des Lebens lernt. Gelingt dies nicht, kann die eine oder die andere Seite hierfür ursächlich sein. Eltern wollen nicht aufhören, ihre Kinder zu dominieren oder trauen ihnen noch nicht viel zu, umgekehrt neigen aber auch nicht wenige Jugendliche dazu, sich bequem und dauerhaft im Haus der Eltern einzunisten. Für die erfolgreiche Persönlichkeitsentwicklung oft ein Hindernis, für ein harmonisches Miteinander nicht minder.

Kindererziehung
Persönlichkeitsentwicklung

»Suchen Sie die Tiefe der Dinge: dort steigt Ironie nie hinab!«

Rainer Maria Rilke (1875–1926)
in »Briefe an einen jungen Dichter«

»Jedem Sprecher fehlt die Sprache, fehlt dem Hörenden das Ohr.«

Franz Grillparzer (1791–1872)
in »Der Traum ein Leben«

Ironie bewegt sich nach Rilke also in geistig flacheren Gewässern, das heißt: Dort, wo Ernsthaftigkeit und Problembewusstsein herrschen, erscheint Ironie unangemessen. Warum ist das so? In einem sachlichen, von Verantwortungsbewusstsein getragenen Gespräch, in dem man sich um Klärung einer schwierigen Frage bemüht, haben verdeckter Spott und Täuschung keinen Platz. Täuschung insofern, als man ja nicht sagt, was man denkt, es aber doch so äußert, dass der andere es merkt. Böse ist Ironie dann, wenn der andere durch sie lächerlich gemacht werden soll. »Meister« der Ironie wenden sie sogar doppelt an, indem sie den anderen zunächst glauben lassen, es handele sich um Ironie, dann aber offenbaren, dass das Gesagte doch zutrifft, was die Irritation noch verstärkt. Man sei sich darüber im Klaren, wie leicht Ironie Wunden zu schlagen vermag.

Ironie

Diese Erfahrung hat jeder schon gemacht. Und trügt der Eindruck, dass der österreichische Dichter hier eine Wahrheit ausspricht, die mehr und mehr Gewicht bekommen hat, in einem Zeitraum also, in dem Altruismus und Gemeinsinn egoistischem Verhalten zunehmend Platz machen mussten? Trifft man nicht immer seltener auf Menschen, die wirklich zuhören, die mit echtem Interesse erfahren wollen, was der andere zu sagen hat, dies gepaart mit der Bereitschaft, dazuzulernen und den eigenen Standpunkt zu revidieren? Und erstirbt der Sprechende nicht schon in seinem Denken, wenn er wahrnimmt, dass der andere nur mit seinen eigenen Gedanken beschäftigt ist? Nicht zuhören ist nicht nur der Tod jedes Gesprächs, sondern ein Akt von Unhöflichkeit.

Zuhören

»Ach das Geld, das liebe Geld! Man hat schon seinen Kummer damit!«

Anton Tschechow (1860–1904)
in »Die Steppe«

»Hoffnung ist bei den Lebenden.«

Johann Wolfgang von Goethe
(1749–1832)
in »Götz von Berlichingen«

Wer hat schon genau so viel Geld, wie er sich wünscht? Die allermeisten würden wohl »zu wenig« ankreuzen. Viele haben in der Tat sehr, sehr wenig, andere mit an sich passablem Einkommen heben mit jeder Steigerung des Verdienstes ihre Konsumwünsche. Die Verlockungen des Angebots in einem Staat wie Deutschland sind eben riesig, oft zu riesig. Und schon lebt man auf Kredit, die Sorge, ihn nicht bedienen zu können, gleich mitgeliefert. Doch auch dem Reichtum ist die Sorge keine Unbekannte. Angst vor Raub, Erpressung und Entführung. Und sich immer gleich alles leisten zu können: Garantiert das Zufriedenheit? Auch beim Thema Geld lernen wir daher: Glückliches Leben ist eine Kunst.

Richten wir unser Augenmerk besonders auf das Wörtchen »ist«. Goethe bringt hier mehr zum Ausdruck, als dass man die Hoffnung nie aufgeben sollte. Das ohnehin nicht. Nein, er sagt schlicht und einfach, dass, wer lebe, ein Hoffender sei, Hoffen gehöre also untrennbar zum Menschsein. Natürlich kennt jeder Situationen, in denen er keinen Silberstreif am Horizont mehr sieht. Aber genau dann sollte man sich der Worte Goethes erinnern, Worte, die Mut machen, die Kraft und Zuversicht spenden.

Hoffnung

Geld

»O nein, keine Liebe überlebt Sprachlosigkeit!«

Milan Kundera (geb. 1929)
in »Die Identität«

Gemeint ist natürlich die andauernde Sprachlosigkeit, nicht das Schweigen in Momenten genussvoller Seelenruhe. Eine Beziehung mag eine Zeit lang von überwältigenden Emotionen getragen sein, irgendwann aber kommt der Punkt, von dem an eine Partnerschaft durch Worte, durch Gedankenaustausch belebt werden muss. Wo dazu keine Neigung mehr besteht, zeugt dies meist für geschwundenes Interesse am anderen. Leere macht sich breit, der Alltag wird immer grauer. Was noch blüht, sind Missverständnisse. Einstige Liebe wandelt sich in Kälte und Abneigung, und das Ganze nicht zuletzt deshalb, weil man aufgehört hat, miteinander Gespräche zu führen.

Liebe

»Langanhaltender Beifall dankte endlich dem Redner dafür, dass er die Güte gehabt hatte zu schließen.«

Albert Camus (1913–1960)
in »Der erste Mensch«

Reden und Vorträge: Das rechte Maß – wie oft wird es auch hier verfehlt. Vielleicht sogar ein spannendes Thema sowie kluge Gedanken, und doch einfach zu viel, zu lang. Mag der Referent seinen Auftritt auch noch so genießen (»Allein der Vortrag macht des Redners Glück«, heißt es in Goethes Faust), er spricht ja nicht für sich, sondern für ein Publikum. Ideal daher, wenn die Ausführungen nicht nur erhellen und unterhalten, sondern das Auditorium am Ende gerne noch mehr gehört hätte.

Reden

Vorträge

»Warten, das heißt leben.«

Theodor Fontane (1819–1898)
in »Kriegsgefangen«

*»Ich bin Pessimist
für die Gegenwart,
aber Optimist für die Zukunft.«*

Wilhelm Busch (1832–1908)

Müssen wir das gerade lernen? Meister sind wir Deutschen im Warten nicht gerade. Forscher brachten heraus, dass Menschen zum Beispiel in Kamerun viel geduldiger warten könnten als wir. Wie schnell sind wir doch genervt, in der Kino- oder Skiliftschlange, im Stau, im »Warte«-zimmer. Sicher: Wo unfähige Organisation, wie auf manchen Ämtern oder auch in Praxen, der Grund dafür ist, warten zu müssen, darf man schon verärgert sein, weil man sich ohnmächtig fühlt. Aber wir sollten an uns arbeiten. Warten können ist eine Frage von Kultur (siehe England), es ist »Erleben von Zeit«, das auch positiv sein kann. Wohl dem, der sich beim Warten entspannt, dies als einen Moment echter Muße empfindet. So lebt es sich vor allem in Zeiten besser, in denen Geduld wirklich gefragt ist.

Solcher Humor: ein echter Busch. Er, der viele Jahre in München lebte und mit der dortigen Künstlerschaft eng verwoben war, pflegte den Finger auf die Wunden der Gegenwart zu legen, zugleich aber Hoffnung für das Kommende zu schenken. Eine Haltung, die uns heute sehr nützlich wäre. Die Zahl gravierender Probleme ist im Moment in der Tat groß, wobei sich ständig das eine Thema vor das andere schiebt. Aber besonnenes, entschlossenes und kraftvolles Handeln – und das mit einem optimistischen Blick nach vorne: So sollte der Geist unserer Zeit beschaffen sein.

Pessimist

Optimist

Warten

Man soll seine schlechte Laune niemals zur Schau stellen.

George Bernard Shaw (1856–1950)
in »Die heilige Johanna«

»Und ein Vergnügen erwarten, ist auch ein Vergnügen.«

Gotthold Ephraim Lessing (1729–1781)
in »Minna von Barnhelm«

Erstaunlich aber, was englische und US-amerikanische Forscher zutage förderten: Zwecks Vermeidung weiteren Stresses schlechte Laune durchaus mal zulassen. Zudem fördere schlechte Laune das analytische Denken, die Überzeugungskraft und die Anpassungsfähigkeit an neue Bedingungen. Das mag ja alles sein. Aber schlechte Laune ausleben, bleibt ein Akt von Rücksichtslosigkeit. Ein Stimmungstöter! Hohe Ansteckungsgefahr! Und wie begegnet man solcher Unbeherrschtheit? Möglichst abprallen lassen, Ablenkungsmanöver, Thema wechseln, Hintergründe ausleuchten, schwierige Menschen meiden, auch mal ein Warnzeichen setzen, sich gegen Tyrannen wehren, gegebenenfalls Rückzug oder vielleicht auch mal fragen, ob man nicht selbst die Ursache für die schlechte Laune des anderen ist.

Schlechte Laune

Ganz ähnlich das Sprichwort »Vorfreude ist die schönste Freude.« Die Erwartung eines positiven Ereignisses: eine in der Regel ungetrübte Emotion, die gemäß einer Untersuchung der University of California in Irvine sogar Stressreduzierung mit sich bringt. Interessant ist, wie sich der Grad der Vorfreude mit dem Herannahen des erwarteten Ereignisses ändert. Sie wächst ständig, kann sich andererseits nicht so entwickeln, wenn der Zeitpunkt des Ereignisses nicht genau feststeht. Nach einer kanadischen Studie wird die Vorfreude so sehr genossen, dass über die Hälfte der Befragten das positive Ereignis lieber um drei Tage verschieben würde, als es gleich zu erleben.

Vorfreude
Vergnügen

»Es ist nicht gut für die Menschen, alles zu erhalten, was sie wünschen.«

Heraklit (535–475 v. Chr.)

»Denn der Mensch verkümmert im Frieden.«

Friedrich von Schiller (1759–1805) in »Die Braut von Messina«

Nun werden wohl die wenigsten vollkommen wunschlos sein. Irgendetwas steht fast immer auf dem Wunschzettel: bessere Gesundheit, harmonischere Beziehungen, weniger Stress im Beruf, ein höheres Einkommen, eine neue Küche und manches andere. Und das ist gut so, will der griechische Philosoph uns sagen. Wer nichts mehr wünscht, wer keine Ziele mehr hat, und seien es noch so kleine, droht zu verkümmern. Auf etwas hinzuleben, spendet Energie und stiftet Sinn, solange man nicht ohne Maß Unerreichbarem nachjagt und dadurch am Ende tiefe Enttäuschungen erfährt.

Maßlosigkeit

Schiller plädiert natürlich nicht für den Krieg. Er verweist aber auf die Gefahren des Friedens, womit er sicher eine längere Friedenszeit im Blick hat. Was könnte er gemeint haben? Zunehmende Unbekümmertheit? Nachlassen der Wachsamkeit gegenüber Feinden von innen und außen? Passivsorgloses Einnisten in wohlige Verhältnisse? Mangelnde Vorsorge für sich selbst? Fehlende Verantwortung für das Schicksal künftiger Generationen? Spaßgesellschaft? Kritiklosigkeit? Gesteigertes Anspruchsdenken bzgl. der eigenen Belange, aber Abflachen der geistigen Ansprüche und des Kulturniveaus? Atheismus? Schiller würde wohl manchem hiervon zustimmen.

Mensch
Frieden

»Es ist ein großes Glück, wenn man korrespondiert.«

Johann Wolfgang von Goethe (1749–1832)
in »Die Mitschuldigen«

»Der ist ein Stümper, der sein Werk nur auf die Hälfte bringt, und dann weggeht und müßig zugafft, wie es weiter damit werden soll.«

Friedrich von Schiller (1759–1805)
in »Die Räuber«

Stimmt! Erstens: Korrespondenz kann Schutz bieten gegen Einsamkeit. Zweitens: Man ist gehalten, sich Gedanken zu machen, sei es über das eigene Leben, sei es über die allgemeine Lage. Schriftliches Formulieren zwingt noch mehr als bloßes Nachdenken zur Bildung von Klarheit. Drittens: Man wird wahrgenommen, man ist sozusagen für die anderen vorhanden. Das vermag dem Leben tieferen Sinn zu stiften. Viertens: Korrespondenz kann Wärme, Nähe, ja eine ganze Reihe beglückender Gefühle erzeugen. Nicht selten schafft das sogar die heute üblich gewordene, nicht gerade in hoher Kultur stehende Email-Rumpfsprache.

Korrespondenz

Da haben einige spontan vielleicht den Sport im Sinn. Aber die Weisheit Schillers reicht weit darüber hinaus. Wer eine Aufgabe übernommen hat, steht in der Verantwortung. Man hat sie ihm anvertraut, man verlässt sich auf ihn. Ein Amt verpflichtet. Hinschmeißen beim ersten Problem zeugt von Schwäche, ja auch von Egoismus und Rücksichtslosigkeit. Ein Amt erfordert Charakter.

Aufgeben

»Die wahre Gesundheit weiß nichts von sich selbst.«

Franz Werfel (1890–1945)
in »Der veruntreute Himmel«

»Der Tadel trifft, wie der Blitz, gerade die höchsten Leistungen.«

Baltasar Gracián (1601–1658)
in »Handorakel und Kunst der Weltklugheit«

Wie man den Begriff »Gesundheit« definiert, das füllt Bibliotheken, je nachdem, ob körperliche, psychische, soziologische oder ökologische Aspekte betont werden. Machen wir es daher ganz einfach, so wie Franz Werfel es gemeint hat: Es ist schon ein gutes, wenn auch nicht sicheres Zeichen, wenn man nicht ständig mit eigenen körperlichen oder geistigen Problemen beschäftigt ist. In der Regel hat man dann auch keinen Anlass hierfür. Auch zieht übertriebenes Achten auf die eigene Befindlichkeit Kräfte ab, die anderweitig sinnvoll genutzt werden könnten. Umgekehrt gibt es natürlich übertriebene Verdrängung. Überhaupt keine Vorsorge oder maßloses Leben: Das kann gefährlich werden.

Gesundheit

»Könnte ich doch so singen wie Anna Netrebko!« »Toni Kroos geht's gut, der ist Nationalspieler!« Ja, die beiden haben es geschafft: Ruhm und Spitzeneinkommen. Was man dabei leicht übersieht: Je größer das Können, je mehr Rampenlicht, desto unbarmherziger die Kritik. Ein wunderbarer Opernabend, ein siegreiches Fußballspiel, doch man lässt kein gutes Haar an den Protagonisten. Oft genügt ein kleiner Fehler, um den ganzen Auftritt zu zerpflücken. Ganz oben sein, wo auch immer: Das bedeutet immerwährender Druck und auch Ungerechtigkeit, oft gespeist von Neid oder gar Bosheit.

Kritizismus

»Ich brauche dich, um mir Wirklichkeit zu verleihen.«

T. S. Eliot (1888–1965)
in »Ein verdienter Staatsmann«

»Der Mut ist von den Männern zu den Frauen übergegangen.«

Oscar Wilde (1854–1900)
in »Das Bildnis des Dorian Gray«

Der Nobelpreisträger meint damit, es bedürfe eines Gegenübers, um seiner selbst ganz bewusst zu werden. In der Tat: Die eigene Individualität und der Standort, den man im Leben einnimmt, werden nur für den wirklich wahrnehmbar, der sich in einem oder auch mehreren, von ihm ernstgenommenen Menschen spiegelt. Wer stets nur um sich kreist, erfährt keine Resonanz, verliert den Blick für das eigene Ich und unterliegt damit auch keiner korrigierenden Kontrolle. Das einleuchtendste Beispiel für die so wichtige Funktion eines Gegenübers ist die Liebe. Sie ermöglicht wie kein anderes Gefühl die Entdeckung und Entfaltung der eigenen Persönlichkeit.

Mensch
Individualität
Liebe

Eine kühne, recht holzschnittartige Behauptung, und nicht wenige werden widersprechen wollen. Ein Schriftsteller darf natürlich pointieren, aber entbehrt Oscar Wildes Äußerung denn jeglicher Wahrheit? Wir erleben Emanzipation, mehr und mehr Gleichberechtigung, Frauen besetzen zunehmend Spitzenpositionen. Jugendliche berichten davon, dass es auf Partys die Mädchen seien, die die Initiative ergreifen, die Jungen säßen oft ziemlich passiv, wenn nicht mutlos da. Und dass sich die Geschlechter in Vielem angleichen und Ritterlichkeit, Kavalierstum, ja Männlichkeit im traditionellen Sinne immer mehr aussterben, das hört man nun wirklich allerorten. Die einen begrüßen, die anderen beklagen es.

Mut

*»Ich bin dagegen,
dass ich dafür bin.«*

Martin Walser (1927–2023)
in »Gar alles«

*»Ja, in der Tat, mein Hintern
wird schon städtisch.«*

Aristophanes (ca. 450–380 v. Chr.)
in »Die Wespen«

Der klassische Widerspruchsgeist! Es ist nicht derjenige, der uns herausfordert, weil er eine andere Meinung hat, sondern er sucht nach ihr, um, koste es, was es wolle, gegenzuhalten. Vermutlich meint er, mit Gegenpositionen interessanter zu sein, das heißt nichts anderes als, mehr Gewicht zu bekommen. Wenn das aber das Motiv für seinen notorischen Widerspruch ist, so wäre das eher ein Zeichen von Schwäche, was der Gesprächspartner nicht nur bald erkennt, sondern den Kritikaster auf Dauer auch isoliert.

Widerspruchsgeist

Städtisch: Das bedeutet vor allem Menschenmengen, anonymeres Leben, Trubel, Lärm, Naturentwurzelung und Naturentwöhnung. Wie aktuell! Die Urbanisierung schreitet voran. 77 Prozent der Deutschen leben in Städten oder Ballungsgebieten, fast jeder dritte Deutsche lebt in einer der 85 Großstädte mit mehr als 100 000 Einwohnern. In Ortschaften mit weniger als 5000 Einwohnern leben nurmehr 15 Prozent. Noch 1800 betrug der Anteil der Landbevölkerung 75 Prozent. Nicht nur Soziologen wissen ein Lied davon zu singen, was dieser Wandel für das Glück der Menschen bedeutet, nicht zuletzt für ihre zunehmende Gottesferne.

Stadtmensch

»Gott verteilt seine Gaben, da ist nichts zu tun, und es ist keine Schande, ein gewöhnlicher Mensch zu sein.«

Thomas Mann (1875–1955) in »Das Wunderkind«

Wenn doch jeder diese Einsicht besäße! So mancher leidet darunter, nicht mit herausragendem Talent gesegnet zu sein, fühlt sich deswegen sogar minderwertig. Doch wer verfügt schon über geniale Gaben, seien sie solche des Geistes oder des Körpers? Vor allem: Niemand kann etwas für sein Talent, sei es hoch oder gering. Solches ist immer in die Wiege gelegt, ist also Schicksal. Weise, wer dies akzeptiert. Und der gewöhnliche Mensch, den Thomas Mann im Blick hat, ist zudem keineswegs weniger prädestiniert, glücklich zu sein als der Genius.

Gott
Mensch
Genius

»Die Eltern prophezeien, wenn sie reden.«

Franz Grillparzer (1791–1872) in »Der arme Spielmann«

»Deine Freunde sind jung, und es wird dir mit ihnen ergehen wie mit den Früchten dem Baum: reifen sie, fallen sie ab!«

Friedrich Hebbel (1813–1863) in dem Epigramm »Prophezeiung«

In der Regel vielleicht gar nicht einmal bewusst. Aber es ist schon wahr, dass Eltern, wenn sie zu ihren Kindern sprechen, häufig auf die Folgen bestimmten Handelns verweisen, ja verweisen müssen. Erziehen heißt auch vorausschauend erklären, warnen oder verbieten. Verantwortung für das Wohl der Kinder stützt sich auf elterliche Erfahrung, sodass gut gemeinte Anleitungen von Prophezeiungen nicht zu trennen sind. Dass dies keine Besserwisserei oder willkürliche Bevormundung ist, verstehen Kinder erst richtig, wenn sie selbst den Elternstatus erreicht haben.

Kindererziehung

Der Jugend wird dies ins Herz stechen, bewegt man sich doch gerade im Kreise enger und so vertrauter Freunde. Sich verlieren, liegt außerhalb des Horizonts. Und doch hat Hebbel recht. Zuerst trennt man sich räumlich, sodann entwickelt man sich beruflich und vor allem auch in seiner ganzen Persönlichkeit auseinander. Schließlich entstehen feste Partnerschaften, Ehen werden geschlossen und Familien gegründet. Alles erscheint in neuem Licht, die Neigungen wie auch die Pflichten. Sollte in diese neuen Zeiten eine alte Freundschaft doch hinübergerettet werden können, so wäre das ein Geschenk.

Freunde

»Man muss immer wissen, wann eine Etappe im Leben vorüber ist.«

Paulo Coelho (geb. 1947)
in »Der Fünfte Berg«

»Wer immer selbst das Maß in Händen hält, verlernt sein wahres Gewicht.«

Stefan Zweig (1881–1942)
in »Joseph Fouché«

Jeder Lebensabschnitt ist geprägt von einer bestimmten Geisteshaltung. Man ist Kind, Jugendlicher, Erwachsener in der Lebensmitte, schließlich ein alter Mensch. Verhält man sich nicht der jeweiligen Stufe angemessen, etwa als Senior kindisch, so gibt man sich leicht der Lächerlichkeit preis. Auch ist jedes Alter mit verschiedener Leistungsfähigkeit verbunden. So kann das noch so begabte Kind nicht die Reife eines Erwachsenen besitzen, wie umgekehrt der Siebzigjährige sportlich zurückstecken muss. Vor allem im Berufsleben ist stets zu bedenken, auf welcher Etappe man sich gerade befindet, denn eine jede verlangt etwas ganz Eigenes.

Lebensabschnitte

Jeder Mensch hat einen anderen Blick auf die Welt. Zwar gibt es Übereinstimmungen in grundlegenden Wertefragen, aber bei näherem Kennenlernen zeigen sich doch auch bei wesentlich Gleichgesinnten Unterschiede. Welch Geschenk der Schöpfung! Denn diese Verschiedenheit ist es ja, die jeden Menschen zu einem unverwechselbaren Individuum macht: Gene, Landschaft, Sprache und Kultur, das Elternhaus und der weitere Lebensweg mit all seinen Einflüssen. Da gleicht kein Irdischer dem anderen. Wir sollten es dankbar würdigen, uns aber zugleich bewusst sein, daß der Einzelne nicht das Maß aller Dinge ist.

Maßstab

»Sie besaß eine sonderbare Macht, einem an den Nerven zu zupfen, einem die Nerven in Geigensaiten zu verwandeln.«

Virginia Woolf (1882–1941)
in »Mrs. Dalloway«

»Tu deinem Leib des Öfteren etwas Gutes, damit die Seele Lust hat, darin zu wohnen.«

Teresa von Avila (1515–1582)

Er besitzt diese Macht natürlich auch. Da sind sich Männer und Frauen gleich. Es ist schon merkwürdig: Mit dem einen lebt man in Harmonie, versteht einander, man schwingt und klingt zusammen, ganz automatisch, ohne bewussten Willensakt. Mit einem anderen dagegen ist es nervig, von Haus aus. Alles geht gegen den Strich, jedes Wort, jeder Blick, jede Geste. Dieser andere betritt den Raum, und schon ist man verwandelt, der eigene Seelenfrieden gestört. Die Therapie? Bemühen um Gelassenheit und wenn möglich: Distanz.

Nervtötendes

Oft wird diese Weisheit Winston Churchill zugerechnet. Aber die eigentliche Urheberin war bereits die spanische Mystikerin und katholische Heilige Teresa von Avila. Spontan denkt man vielleicht an den Genuss leckerer Speisen und Getränke. Aber natürlich geht es nicht nur darum. Auch maßvolle sportliche Betätigung oder Wandern fördern einen gesunden Leib und damit auch das Wohlbefinden der Seele. Aber der Gedanke an bekömmliches Essen beinhaltet nun nicht nur dessen Einnahme, sondern es ist umgekehrt oft gerade der Verzicht, mit dem man Leib und Seele manchmal sogar eine noch größere Gunst erweist. So schwer es auch fallen mag.

Seele

Körper

易經

»Solange der Streit noch im ersten Anfang ist, tut man am besten, ihn fallen zu lassen.«

Aus »I Ging, das Buch der Wandlungen« (entstanden im 9. Jh. v. Chr.)

»Zieht keine jungen Löwen auf im Staat!«

Aristophanes (ca. 450–380 v. Chr.) in »Die Frösche«

Ein weiser Rat für das Neue Jahr. Wie viel positiver könnte seine Bilanz am Ende ausfallen, wenn es nur in der Hälfte der Streitigkeiten gelänge, sie sogleich zu ersticken. Nun kann der Mensch, vor allem wenn ihn inakzeptable Zumutungen durch andere ereilen, nicht jedem Konflikt aus dem Wege gehen. Aber wer klug und besonnen ist, wird zumindest in jedem Fall darüber nachdenken, ob nicht der Rückzug mehr Glücksgewinn verspricht als eine Auseinandersetzung, selbst wenn man am Ende als Sieger aus ihr hervorginge, zumal die Erfahrung lehrt: Ein Streit birgt schon den Keim für den nächsten.

Streit

Unsere freiheitliche, rechtsstaatliche Ordnung lebt seit Jahrzehnten von einer guten Verfassung und von Verantwortlichen, die es in der Regel immer wieder verstanden haben, extreme ideologische Tendenzen in Schach zu halten. An Versuchen, die verfassungsrechtlich gesetzten Grenzen zu sprengen, hat es nicht gefehlt, und auch in Zukunft ist mit ihnen zu rechnen. Umso wichtiger ist es, genau zu beobachten, wer sich aufmacht, unser bewährtes Grundgefüge anzutasten. Jedes Wort von Agitatoren ist auf die Goldwaage zu legen, wobei die Bevölkerung auf keinem Auge blind sein darf. Das Schlimmste wären Gleichgültigkeit und Lethargie, denn die Gefahren lauern aus sehr verschiedenen Richtungen.

Staat
Politik

> *»Die Bücher geben,*
> *wie Menschen auch,*
> *ihr Geheimnis, ihr Vertrauen nur*
> *preis, wenn auch du dich ihnen*
> *öffnest und hingibst.«*
>
> Sándor Márai (1900–1989)
> in »Zwischen Himmel und Erde«

Schon während der Festtage besteht vermehrt Gelegenheit, diese Weisheit zu überprüfen. In der Tat: Jeder Mensch birgt ein Geheimnis, und genau das gilt auch für Bücher. So Vieles steht nur zwischen den Zeilen, ja, oft bleibt gerade die wichtigste Botschaft unausgesprochen. Verschließen wir uns also nicht, lassen wir den anderen, wenn er eine Bedeutung für uns besitzt, und lassen wir auch das Buch auf unsere Seele wirken. So manches ansonsten Verborgene wird sich plötzlich offenbaren.

Bücher

»Die Eifersucht schreckt vor keinem Gedanken zurück.«

Julien Green (1900–1998)
in »Mont-Cinère«

»Ich möchte mich nicht mehr wehren müssen.«

Martin Walser (1927–2023)
in »Spätdienst«

Eifersucht – eine schmerzhafte Emotion. 80 Prozent der Männer und Frauen sollen sie kennen. Sie richtet sich gegen den Dritten, der tatsächlich oder auch nur vermeintlich Aufmerksamkeit, Respekt, Zuneigung oder gar Liebe vom Partner des Eifersüchtigen empfängt, auf Kosten des Letzteren. Inhalt und Folgen der Eifersucht sind Verlustängste, Kränkung, Unsicherheit, Minderwertigkeitsgefühl, Angst vor dem Vergleich oder auch Wut. Als Therapie empfehlen Fachleute: Die Eifersucht als natürliche Reaktion erkennen und akzeptieren, keine übertriebenen Schuldzuweisungen gegen sich selbst, keine Eifersuchtsanfälle, nicht das Schlimmste denken und sich früherer wechselseitiger Liebesbeweise erinnern.

Wer so denkt, hat einen fast paradiesischen Zustand im Blick. Die Persönlichkeit ist so gefestigt, so souverän, dass Kritik abtropft. Man ist sich seiner Position, seines Werts, vielleicht auch seiner Überzeugungen sicher und hält sich nicht mehr für verletzbar. Aber ist das in einem normalen Leben überhaupt möglich? Wer Ziele verfolgt oder Standpunkte vertritt, trifft in der Regel auf Mitmenschen und sieht sich sehr schnell in einem Wettbewerb oder Konflikt. So formuliert Walser seinen Satz weise auch nur als Wunsch, von dessen Verwirklichung er jedoch wie die meisten Menschen noch entfernt ist.

Mensch
Unverletzlichkeit

Eifersucht

»Bewundere, so viel Du nur kannst, die meisten bewundern nicht genug.«

Vincent van Gogh (1853–1890)
in »Feuer der Seele«

»Aber mancher beginnt ja erst mit fünfzig Jahren sein wahres Leben.«

Ernst Wiechert (1887–1950)
in »Die Jeromin Kinder«

Nicht bewundern zu können, ist ein Ausdruck von Oberflächlichkeit sowie auch von Egozentrik. Dabei sind wir umgeben von so Vielem, das bewunderungswürdig ist. Man denke nur an die Natur mit allen ihren Herrlichkeiten, an die genialen Schöpfungen der Kunst, der Musik, der Literatur oder der Technik. So viel kreativen Geist offenbart alles dies, ganz zu schwiegen von den Anstrengungen, ohne die wirklich Großes nicht gelingen kann. Oder der Sport: Wie viel ungerechte Kritik müssen selbst die besten Athleten oft einstecken, wenn sie, wie jeder Mensch, auch einmal versagen.

Bewundern

Und tatsächlich hat man in der Regel Grund zum Optimismus. Lag im Mittelalter die durchschnittliche Lebenserwartung für Frauen bei 25 und für Männer bei 32 Jahren, stieg sie bis 1900 auf 46,4 bei Männern und 52,5 bei Frauen. Das war schon gewaltig. Aber dann folgte innerhalb von nur einem Jahrhundert die Steigerung auf 78,4 für Männer und 83,4 für Frauen, immer von der Geburt an gerechnet. In der Tat: für 50-Jährige eine hoffnungsvolle Perspektive. Und sie wird genutzt, mit beruflichen Veränderungen oder gar Neuanfängen, Wohnsitzmobilität, Reisen, Sport, ja Zukunftsplänen aller Art. Kein Wunder also: Viele 50-Jährige fühlen sich in der Lebensmitte.

Leben
Midlife

»Das Populäre ist nicht immer das Kluge oder das Nützliche.«

Ludwig Thoma (1867–1921)
in der Erzählung »Im Berufe«

»Wir sind wohl alle für das, was wir tun, geschaffen.«

Ernest Hemingway (1899–1961)
in »Schnee auf dem Kilimandscharo«

Mit anderen Worten: Das, was »in« und beliebt ist, kann für den Einzelnen oder für alle recht schädlich sein. Das gilt für politische Strömungen, Ernährungsstrategien, sportliche Ausdauerdisziplinen, Krafttraining, übertriebenes Wellnessprogramm, riskante Abenteuerreisen, Computerspiele oder Kopfhörer- und dröhnende Discomusik. Aber auch manches heute Mode Gewordenes aus dem zwischenmenschlichen Bereich kann kontraproduktiv wirken, wie das allzu schnelle »Du«, die Vernachlässigung von Umgangsformen, Sprachkürzel oder der Verzicht auf das Briefeschreiben.

Klugheit
Nützliches

Die eigentliche zeitlose Wahrheit steckt in dem Wort »wohl«. Es drückt Hemingways ganze Unsicherheit aus. Vielleicht wurden wir tatsächlich zu dem geschaffen, was wir sind und tun. Vielleicht ist also unser aller Schicksal göttlich determiniert, also festgelegt und gelenkt. Oder umgekehrt: Vielleicht sind wir ja doch autonome Wesen, verfügen über einen freien Willen, können tun, was wir wollen. Vielleicht sind aber auch – ganz wissenschaftlich und nicht religiös betrachtet – unsere Hirne so beschaffen, dass sie uns Befehle erteilen, denen wir uns nicht widersetzen können. Vielleicht, vielleicht, vielleicht. Der eine hält sich für frei, der andere für gelenkt. Nur: Es ist unsere Bestimmung, die tiefste Wahrheit über unsere Willensbildung nicht ergründen zu können.

Mensch
Schicksal

»Ein Mensch, der ohne Sorgen dahinlebet, ist fast wie ein Vieh.«

H. J. Christoffel von Grimmelshausen (1621–1676)
in »Simplicius Simplicissimus«

»Die Kunst ist eine Tochter der Freiheit.«

Friedrich von Schiller (1759–1805)
in »Über die ästhetische Erziehung des Menschen«

Das möge alle trösten, die von Sorgen geplagt sind, und wer hätte überhaupt keine? Sie gehören nun einmal zum Leben. Insbesondere ist die Liebe ohne die Kehrseite der Sorge undenkbar, denn sich um den anderen Sorgen zu machen, ist ein Ausdruck von emotionaler Nähe. Sorglosigkeit dagegen steht für menschliche Einsamkeit, Desinteresse oder Lethargie. Sorge ist oft auch eng mit Verantwortung verbunden, nicht zuletzt für das eigene Land. Wer würde nicht gefährliche politische Entwicklungen mit Sorge betrachten, und wer würde nicht seinen Beitrag dazu leisten wollen, dass sich alles zum Guten wendet?

Mensch
Sorgen

Kunst, nicht nur die große, setzt voraus, dass der Künstler, sei er Maler, Dichter oder Komponist, uneingeschränkt seinen Ideen und Inspirationen folgen kann. Überall, wo die Obrigkeit Inhalte für das künstlerische Schaffen verbindlich vorgibt, kann sich Begabung oder Genie nicht entfalten. Das gilt für jede Form von Diktatur. Man denke nur an die faschistischen Malverbote im Nationalsozialismus oder die unmenschlichen Drangsalierungen, denen Komponisten in der kommunistischen Stalinära ausgesetzt waren. Dass die Freiheit der Kunst auch viel Abstruses und Verrücktes gebiert, ist ein unvermeidliches, bei näherer Betrachtung aber hinzunehmendes Nebenprodukt.

Kunst
Freiheit

»Kannst du das Glück nicht fassen und erringen, so lern entbehren es.«

Franz Grillparzer (1791–1872)
in »Des Meeres und der Liebe Wellen«

»Man muss doch menschlich wohl reden!«

Aristophanes (ca. 450–380 v. Chr.)
in »Die Frösche«

Weiser Verzicht, das hat der österreichische Schriftsteller im Auge. Ist der Mensch nicht in der steten Gefahr, Zielen nachzueifern, die für ihn doch unerreichbar sind, sei es in einer Beziehung, im Beruf, im Sport oder auch bei einem Hobby? Unser aller Problem besteht doch darin, gar nicht oder nicht immer gleich zu erkennen, welches Ziel wir verwirklichen können und welches nicht. Natürlich gehört zu einem vitalen Leben, sich Ziele zu setzen, Passivität und Lethargie sind keine Glücksbringer. Aber irgendwann ist der Punkt erreicht, wo man sich kritisch fragen sollte, ob man wirklich auf dem richtigen Weg ist, ob man nicht wenigstens seine Erwartungen etwas zurückschraubt.

Welchen Sinn gibt der griechische Dichter dem Wort menschlich? Nicht meint er damit, was alles speziell den Menschen zugehörig oder eigen ist. Vielmehr geht es um den Aspekt der Humanität. Humane Sprache bedeutet zunächst einmal das Bemühen um Verständlichkeit, es gilt also, mit Gespür das Verständnisvermögen des Adressaten im Blick zu haben, denn ihn will man ja erreichen. Menschliches Reden bedeutet zudem freundlicher Ton, Güte, Rücksicht sowie Respekt vor der Würde und den Rechten des anderen. Menschliches Reden im Sinne des Aristophanes ist folglich ein Ausdruck gehobener Kultur.

Gespräch
Menschlichkeit

Glück
Entbehrung

»Und über ihm flimmerten die Nachtgestirne in ihrer stummen unerschütterlichen Ruhe.«

Theodor Storm (1817–1888)
in »Ein Fest auf Haderslevhus«

»Am liebsten würde ich etwas schreiben, was ich morgen gerne wieder läse.«

Martin Walser (1927–2023)
in »Spätdienst«

Was tun, um dieser hektischen, lauten und aufgeregten Welt einmal zu entfliehen? Großstadtgetriebe, die Fülle unerfreulicher Nachrichten, jederzeitige Erreichbarkeit durch SMS und Mails, Herrschaft des Internets, Leistungsdruck am Arbeitsplatz, Glaubensverlust und totale Diesseitsbezogenheit: Nicht nur Psychotherapeuten wissen, wie all dies am Menschen zehrt. Da kann ein Blick zum Himmel etwas zurechtrücken, wenn man denn von diesem nächtlichen Faszinosum überhaupt noch weiß.

Sterne

Das wünscht sich wohl jeder: Schriftsteller, Journalisten, Wissenschaftler, ja jeder, dessen Beruf es ist, Schriftliches zu Papier zu bringen. Paul Breitner, der Fußballer, hat dazu etwas Kluges gesagt: »Schreiben ist eigentlich gar nicht schwierig. Das Problem ist nur das Formulieren.« Aber es geht hier um mehr als die Qualität von Texten im beruflichen Bereich. Man denke nur an private Briefe. Schnell ist etwas unbedacht hingeworfen, das man tags darauf schon bereut: etwas Liebloses, Zweideutiges, eine Kränkung oder eine Ungerechtigkeit. Geschriebenes hat Bestand. Daher Vorsicht und Sorgfalt!

Schriftsteller

Geschriebenes

»Hinterm Berge wohnen auch Leute.«

Theodor Fontane (1819–1898)
in »Kriegsgefangen«

Fontane hat den Horizont des Menschen im Blick. Jeder hat seine Welt, das heißt seine Sprache, Landschaft, Kultur, Sitten, Familie, Freunde, Lehrer und vieles mehr, also alles, was uns prägt und Identität verschafft. So ist die condition humaine, das menschliche Schicksal. Und das ist auch gut so, denn solche Prägung ermöglicht Orientierung, Sicherheit und Zusammengehörigkeitsgefühl, ohne das eine menschliche Gemeinschaft nicht gedeihen kann. Aber dieses Gefühl darf nicht den Blick dafür verstellen, dass man auf dieser Welt auch ganz anders sein und leben kann. Die eigene Kultur ist nicht die alleinseligmachende. Soweit sie aber eine Kultur der Freiheit ist, bedarf sie konsequentester Verteidigung.

Horizont

»Mit seinen Lehrern lebt man zeitlebens.«

Siegfried Lenz (1926–2014)

Man vergisst so Vieles, die meisten seiner Lehrer jedoch nie. Den einen behält man in Erinnerung, weil er besonders streng war, den anderen wegen seiner Ungerechtigkeit, den dritten, weil man sich im Unterricht langweilte, andere, weil sie die Schulstunde spannend zu gestalten wussten, wiederum andere, weil man einfach viel bei ihnen gelernt hat. Nicht jeder Lehrer ist sich darüber im Klaren, wie sehr er sich in vielen seiner Schüler verewigt. Das reicht von lebenslanger Hochachtung bis zum unauslöschlichen Trauma. Der perfekte Lehrer weiß anregende und abwechslungsreiche Wissensvermittlung mit Klassendisziplin und menschlicher Wärme zu vereinen.

Lehrer

»Was du bist, bist du nur durch Verträge.«

Richard Wagner (1813–1883)
in »Das Rheingold«

»In der ersten Hälfte unseres Lebens opfern wir unsere Gesundheit, um Geld zu erwerben, in der zweiten opfern wir unser Geld, um die Gesundheit wiederzuerlangen.«

Voltaire (1694–1778)

Nun ja, der Mensch ist natürlich mehr als ein Produkt von Verträgen. Aber was will der Riese Fasolt dem Gott Wotan in jener Oper sagen? Verträge sichern Rechte und verleihen damit Stärke. Und das wahrlich nicht nur in mythischer Vorzeit. Wer sich Ansprüche verschaffen will, muss Sorgfalt verwenden auf klare und juristisch unangreifbare Vereinbarungen. Viele Menschen ignorieren das jedoch, machen einen Bogen um Paragrafen, um alles Rechtliche, vertrauen vielmehr blind. Doch der Katzenjammer folgt: »Hätte ich doch etwas Schriftliches in Händen!« Oder: »Hätte ich den Text doch gelesen!« Oder: »Hätte ich mich doch beraten lassen!«

Mensch
Verträge

Das stellte der französische Philosoph schon vor rund 250 Jahren fest, und diese Erkenntnis ist aktueller denn je. Naturentfremdung, Mobilität, Lärm, falsche Ernährung, gnadenloser beruflicher Wettbewerb, ständig unerfüllte Wunschlisten: Das zehrt. In der zweiten Lebenshälfte kommt dann mit den Wehwehchen die Einsicht: So geht es nicht weiter! Das Thema Gesundheit rückt mehr und mehr auf den Plan. Zwar treten Krankenkasse und Krankenversicherung kräftig ein, aber man denke nur daran, was heute von den nicht mehr Jungen für Fitnessstudios, Meditationsseminare und Wellnesshotels ausgegeben wird. Voltaire würde staunen.

Leben
Gesundheit
Krankheit

»Essen ist ein Bedürfnis, genießen ist eine Kunst.«

François de La Rochefoucauld (1613–1680)

»Es gibt überall Leute, die alles mit eigenen Augen gesehen haben wollen.«

Victor Hugo (1802–1885) in »Der Glöckner von Notre Dame«

Essen muss man, sonst geht es bald zu Ende. Die Fähigkeit zu genießen dagegen ist nicht lebensnotwendig und nicht jedem gegeben. Genuss als positives Sinnesempfinden verlangt immer auch Hingabe. Sie kann sich auf vieles richten: Speisen, Getränke, eine schöne Aussicht in der Natur, den Feierabend, Musik, ein gutes Buch, eine harmonische Runde. Genießen setzt eine bestimmte geistige Disposition, vor allem innere Ruhe voraus. Hektik ist ein Hindernis, wie auch Übersättigung der Genussfähigkeit im Wege steht. Immer Drei-Sterne-Küche, immer Urlaub, jeden Abend Oper – das ist zu viel.

Essen
Genießen

Richter wissen davon ein Lied zu singen, vor allem Verkehrsrichter. Selten widerspricht im Zeugenstand ein Beifahrer der Version des Fahrers, und das oft mit voller Überzeugung, ohne also lügen zu wollen. Man ist sich ganz sicher, obwohl der so geschilderte Unfallhergang laut Sachverständigem auf diese Weise gar nicht stattgefunden haben kann. Bohrt der Richter nach, fragt also, ob man dies oder das wirklich mit eigenen Augen gesehen habe, kommen Antworten wie »Mein Mann blinkt immer« oder »Meine Frau schaut immer in den Rückspiegel«. Aus solchen vermeintlichen Erfahrungen erwächst oft die Überzeugung, es auch im konkreten Fall so wahrgenommen zu haben. Und darauf nun soll der Richter ein gerechtes Urteil fällen.

Augenzeugen

»Das Leben ist zuweilen ganz lustig.«

Arthur Schnitzler (1862–1931)
in »Liebelei«

Nur sechs Wörter – und doch enthalten sie sehr verschiedene Deutungsmöglichkeiten und auch Untertöne. Etwa wie: »Eigentlich ist das Leben nicht lustig.« Oder umgekehrt: »Das Leben ist viel lustiger, als Ihr glaubt.« Oder als Appell: »Lasst Euch die lustigen Seiten des Daseins nicht entgehen!« Gerade Letzteres wäre ein kluger Rat. Kürzlich wurde von Forschungsergebnissen berichtet, wonach Optimisten länger leben als Pessimisten. Könnte es nicht sein, dass auch jenen ein längeres Leben beschieden ist, die einen Sinn für Lustiges oder auch Komisches besitzen? Dafür spricht manches.

Lustiges Leben

»Auch ohne Schwur und Zeichen beizufügen, muss schon das Wort für allemal genügen.«

Ariost alias Ludovico Ariosto (1474–1533)
in »Der rasende Roland«

Das bedeutet: »Versprechen muss man halten.« Besonders kleine Kinder erinnern ihre Eltern daran nachdrücklich, etwa wenn es um einen Wiesn-Besuch oder nur darum geht, länger aufbleiben zu dürfen. Aber haben Versprechen heute nicht an Kraft verloren? Wird nicht immer häufiger beklagt, dass jemand ein Versprechen nicht gehalten habe? Der Versprechensempfänger vertraut auf die Einhaltung, und das tut er, weil diese Einhaltung traditionell auch mit Ehre zu tun hat. Das Brechen eines Versprechens galt in aller Regel als unehrenhaft. Aber hat nicht der Ehrbegriff an Gewicht verloren? Mit Blick auf die zunehmenden Egoismen und rüderen Umgangsformen spricht manches dafür.

Versprechen

»Und hättest du auch recht, recht geb' ich dir nie.«

Aristophanes (ca. 450–380 v. Chr.)
in »Plutos«

»Wer lebt, muss auf Wechsel gefasst sein.«

Johann Wolfgang von Goethe
(1749–1832)
in »Wilhelm Meisters Wanderjahre«

Ja, es gibt solche Menschen. Da ist zum einen der reine Widerspruchsgeist, einer, der Ansichten anderer einfach nicht duldet, auch wenn er eigentlich mit ihnen übereinstimmt. Sodann gibt es den überzeugten Besserwisser, der sich für überlegen hält und dies immer auch zeigen muss. Schließlich trifft man nicht selten den merkwürdigen Typus, der zwar mit der Meinung des anderen übereinstimmt, aber einfach nicht in der Lage ist, ihm gegenüber ein Wort der Zustimmung zu äußern. Was mag dahinterstecken? Die Sorge, den anderen stärker zu machen und sich selbst durch solche Zustimmung zu schwächen? Wenn es so wäre, verriete das ein nicht sehr ausgeprägtes Selbstbewusstsein.

Widerspruchsgeist

»Alles fließt«, sagte der griechische Philosoph Heraklit, das heißt, nichts bleibt, ein ewiger Wandel, ein ewiges Werden und Vergehen. Daran knüpft Goethe an. So sieht sich der Mensch permanent in veränderter Situation, im Kleinen wie im Großen. Da dies ein ehernes Gesetz der Schöpfung ist, rät Goethe, dies auch wirklich zu beherzigen. Wer es nicht tut, wer zu keiner Anpassung fähig ist, wird sich immer wieder im Widerspruch zu den gegebenen Verhältnissen finden und so in der Gefahr stehen, unglücklich zu sein. Das bedeutet nicht, unvernünftigen Wandel, etwa in den politischen Verhältnissen oder gesellschaftlichen Normen, lethargisch hinzunehmen, aber dass das Dasein alles andere als statisch ist, muss jedem ins Bewusstsein rücken.

Leben, Wandel

**»Lieben, das ist:
über sich selbst hinaussteigen.«**

Oscar Wilde (1854–1900)
in »Das Bildnis des Dorian Gray«

**»Lass nicht ein Nichts
zu großem Schmerz anwachsen.«**

Sophokles (497–406 v. Chr.)
in »König Ödipus«

Liebe: Wer könnte in Worte fassen, was sie wirklich ist? Ein Mysterium lässt sich eben nicht begreifen, auch lässt sich nicht erklären, warum man liebt oder warum man einer Liebe nicht entgeht. So bleiben den Dichtern immer nur Annäherungen und Beschreibungen einzelner Aspekte. Oscar Wilde wählte den aus, dass der Liebende über sich selbst hinauswächst. Er gewinnt an Stärke und erfährt in allem einen höheren Sinn. Das Ego ist nicht mehr das alleinige Zentrum, sondern der Geist bezieht in alles die geliebte Person mit ein.

Liebe

Ein so wichtiger Rat für ein glückliches Leben, und der Dichter der griechischen Klassik hatte allen Grund, ihn zu erteilen. Denn wer hätte es noch nicht erlebt? Es beginnt mit einem kleinen Missfallen, das sich dann peu à peu zu einer tiefen Verbitterung auswächst. Das Eis wird immer dünner, man verliert die Kontrolle über seine Gefühle und vermag den Grund des Frustes dann nicht mehr richtig einzuordnen. Morgens mit dem Ärger aufwachen und abends mit ihm ins Bett gehen: Das bedeutet Leben verschenken. Und die Moral von der Geschicht'? Wo derlei droht, sollte man in sich gehen und klug und weise die Gefahr möglichst gleich im Keim ersticken.

Nichtigkeit
Schmerz

»*Ferienzeit! Nicht Worte, nicht Bücher erschöpfen den Zauber, den diese vier Silben bergen.*«

Ludwig Ganghofer (1855–1920)
in »Lebenslauf eines Optimisten«

»*Eine Gesellschaft sollte keine schlechten Gesetze haben.*«

Denis Diderot (1713–1784)
in »Rameaus Neffe«

Fragt man einen Schüler, wie er Ferien findet, wird er begeistert antworten: »Toll!« Und da sind sich vermutlich alle einig. Aber Ganghofer will uns sagen, dass in dem Wort »Ferien« mehr mitschwingt, das sich jedoch in Worten nur schwer ausdrücken lässt. Was meint er? Es geht um das Geheimnis der Seele, die zur Ruhe kommt, die eine Befreiung von den Alltagslasten erlebt und manches neu einordnet, die sich den Wundern der Natur öffnet und plötzlich empfänglicher wird für die Strahlen anderer Menschen. Diesen Wandel in der Grundbefindlichkeit empfindet Ganghofer als Zauber.

Ferien

Aber wie steht's damit bei uns? Die sprachliche Qualität ist oft alles andere als vorbildlich. Zudem: Rechtsklarheit und Rechtssicherheit, Ziele eines Gesetzes, scheitern oft an übertriebener Länge und Detailliertheit der Texte. Der Gesetzgeber selbst verlor bereits den Überblick, zum Beispiel, als er ein Gesetz novellierte, das schon gar nicht mehr in Kraft war (Körperschaftsteuergesetz). Zu viele Regelungen gefährden auch die Gerechtigkeit, wenn sie als Schablone wirken und der Differenziertheit eines konkreten Lebenssachverhalts nicht genügen. Schließlich bedroht die Gesetzesflut auch die Freiheit, wenn sich der Staat in seinem Normierungswahn keine Beschränkungen auferlegt und seinen Willen mithilfe einer übermächtigen Bürokratie seelenlos vollzieht, anstatt Eigeninitiative und individuelle Schöpferkraft des Menschen zu respektieren.

Gesetze

»Alter braucht Ruhe.«

John Donne (1572–1631)
in »Alchimie der Liebe«

»Ich merke, nicht einmal der Luft vertraust du.«

William Shakespeare (1564–1616)
in »Titus Andronicus«

Man sollte das Wörtchen »auch« einfügen. Natürlich braucht das Alter mehr Muße und Phasen der Regeneration, auch mehr Stille, denn die Lärmempfindlichkeit nimmt zu, worauf die Jungen oft keine Rücksicht nehmen. Aber alte Menschen sollten, soweit es die Kräfte zulassen, nicht ganz ohne Aktivität und Abwechslung leben. Wo Bewegung noch möglich ist, sollte das genutzt werden, und auch Anregungen mancherlei Art tun der Fitness gut, seien es zum Beispiel Gespräche oder interessante Lektüre. Wie immer gilt auch hier das rechte Maß, das aber eben, wie der englische Schriftsteller zu Recht meint, im Alter ein anderes ist. Das sollten die alten Menschen selbst, aber auch ihr Umfeld beherzigen.

Es zählt zum Schwierigsten im Leben: Vertrauen und Misstrauen ins gesunde Gleichgewicht zu bringen. Wer stets misstraut, kann nicht glücklich sein, ist außerstande, sich anderen zu öffnen und ein Verhältnis wirklicher Nähe zu schaffen. Eine gewisse Bereitschaft, auch einmal enttäuscht zu werden, sollte man mitbringen. Aber natürlich gehören zu einem vernunftorientierten Leben auch Vorsicht und Skepsis. Allzu leicht wird man sonst hereingelegt oder geht Wege, die man später bereut. Ach, das Leben klug und weise zu meistern, ist nicht einfach! Immer eine Gratwanderung zwischen richtigem und falschem Handeln.

Misstrauen

Alter
Ruhe

»Die Kunst, einen herabzusetzen, ist besonders hoch entwickelt.«

August Strindberg (1849–1912)
in »Gespenstersonate«

»Genaue Beobachtung der Menschen hatte mich gelehrt, dass jemand, der wirklich einen Grund hat, an sich zu glauben, sich niemals vor anderen rühmt, damit sie an ihn glauben.«

Charles Dickens (1812–1870)
in »David Copperfield«

Die Betonung liegt hier auf »Kunst«, einem Begriff, der etymologisch, also vom Wortursprung her, von »können« kommt, was ja auch oft zutreffend zitiert wird. Wer eine Kunst beherrscht, kann es zur Meisterschaft bringen. Da denkt man zunächst an Musik, Malerei und Literatur oder etwa an die Heilkunst. Aber solch meisterhaftes Tun bezieht Strindberg nun auch auf die Herabsetzung, Diskriminierung oder Diffamierung anderer. Hier von Kunst zu sprechen, entbehrt nicht der Zynik, trifft aber den Kern, denn welch ausgeklügelter Methoden abschätziger Rede sich mancher bedient, ist nicht nur böse, sondern auch subtil und geradezu kreativ zu nennen.

Erniedrigung

Eine bemerkenswerte Aussage. Aber in der Tat: Der Souveräne, der in sich Ruhende hat es nicht nötig, sich seiner Kompetenz zu brüsten. Er strahlt sie aus. Es ist diese gelassene, vertrauenstiftende Sicherheit, die in wahrem Können und einer inneren Unabhängigkeit wurzelt. Solche emotionale Stabilität zeigt und bewährt sich vor allem in kritischen Situationen.

Selbstbewusstsein

»Das Lächeln war seine Rettung,
ein guter, gefälliger Geist
hatte es ihm geschenkt.«

Joseph Roth (1894–1939)
in »Hotel Savoy«

»Von der Politik verstehe ich nur
so viel, dass keiner dem anderen
traut und jeder posaunt,
er wisse es besser.«

Sándor Márai (1900–1989)
in »Wandlungen einer Ehe«

Man gehe durch eine deutsche Einkaufsstraße und achte darauf, wie viele der Entgegenkommenden ein Lächeln auf den Lippen tragen. Kaum jemand. Lächeln stirbt aus. Das ist traurig, denn es vermag doch spontane Sympathie, Charisma, gute Stimmung und Verbindung zu schaffen. Und die Wissenschaften haben weitere, recht erstaunliche Folgen des Lächelns ergründet: Aufnahmefähigkeit und Kreativität würden gefördert, der Blutdruck sinke, sogar das Immunsystem werde gestärkt. Noch besser: Lächeln steigere sogar die Lebenserwartung. Aber natürlich darf es nicht, wie bei vielen Fotos, unecht aufgesetzt sein, sondern muss einer inneren, positiv gestimmten Befindlichkeit entsprechen.

Lächeln

Márai gibt sich bescheiden. Er verstehe nicht viel von Politik, doch zweierlei sei ihm gewiss: das allgemeine Misstrauen der Politiker untereinander und ihrer aller Besserwisserei. Und wer würde dem ungarischen Autor nicht zustimmen, ja, die Politiker selbst könnten es wohl kaum bestreiten. Geschichte und Gegenwart sind voll von Beispielen, wo Vertrauen unter Politikern verletzt wurde. Und man stelle sich einen Politiker vor, der offen einräumt, er wisse etwas nicht oder nicht genau. Solch Bekenntnis würde ihn ehren, ist aber leider eine Rarität.

Politik
Misstrauen

»Der Wunder höchstes ist, dass uns die wahren, echten Wunder so alltäglich werden können, werden sollen.«

Gotthold Ephraim Lessing (1729–1781)
in »Nathan der Weise«

Auch wenn wir nach Lessing Wunder als alltäglich erfahren sollen und in gewissem Sinne ja auch erfahren müssen, so tut es dem Menschen, will er das Einzigartige der Schöpfung ermessen, doch gut, gelegentlich das als Wunder zu begreifen, was nun einmal ein Wunder ist: das All, die Erde, dieser zauberhafte Garten der Natur mit seinen majestätischen Gipfeln, den weiten Meeren, den Bäumen, üppigen Pflanzen, bunten Blumen, köstlichen Früchten und der Vielfalt der Tiere. Zu den Wundern zählen auch die Liebe, die Sprache, wie auch die hehre Kunst, die uns beflügelt und erhöht. Alles dies sollte uns nicht nur (selbstverständlicher) Alltag sein.

Wunder

»Die Seele kann man nicht verbergen.«

Herman Melville (1819–1891)
in »Moby Dick«

»Der Anfang ist's, der sich als Funke weist, aus welchem die lebendigen Flammen kommen.«

Dante Alighieri (1265–1321)
in »Die göttliche Komödie«

Die Seele: Ein denkbar komplizierter Begriff, schon weil so verschiedene Zugänge zu ihm führen: mythische, religiöse, philosophische oder psychologische. Aber wir wissen, was der US-amerikanische Autor meinte: das Wesen eines Menschen, seine durch die Zeit hindurch beständige Identität. Und diese lässt sich in der Tat zumindest auf Dauer nicht kaschieren, auch wenn es mancher versucht. Der verräterischen Zeichen sind einfach zu viele: der Blick, die Mimik, die Körperhaltung, die Stimme, die Sprache, der Gang, ganz zu schweigen von den Taten. Mag auch jeden Menschen ein Geheimnis umgeben, der Wesenskern der Persönlichkeit bleibt dennoch nicht verhüllt.

Seele

Eine Entscheidung treffen und dann beginnen. Wer immer nur träumt, plant, Vorsätze fasst, ohne dann wirklich loszulegen, wird nichts zustande bringen. Das gilt überall. Man muss die Ausbildung starten, die erste Trainingsrunde laufen, den ersten Satz eines Buchs zu Papier bringen, das erste Kilo abnehmen, die Reise buchen, das Treffen vereinbaren. Immer geht es um den ersten Schritt. Ist er getan, nimmt man Schwung auf und es kann zielgerichtet weitergehen.

Anfangsfunke

»Aber der Mensch darf nicht aufgeben. Man kann vernichtet werden, aber man darf nicht aufgeben.«

Ernest Hemingway (1899–1961)
in »Der alte Mann und das Meer«

»Doch manche Dinge kann man nicht durch Nachdenken ergründen, man muss sie erfahren.«

Michael Ende (1929–1995)
in »Die unendliche Geschichte«

Für erfolgreiche Sportler eine Selbstverständlichkeit. Talent haben viele, aber der unbedingte Wille zum Erfolg, selbst in vermeintlich auswegloser Situation, das bildet den Unterschied. Natürlich nicht nur im Sport. Auch viele Schwerkranke verdanken spätere Gesundung ihrem festen Willen sowie einer unverbrüchlichen Zuversicht. Auch die meisten erfolgreichen beruflichen Karrieren wären ohne das Tabu des Aufgebens nicht so verlaufen. Und nicht zuletzt schien so manche persönliche Beziehung schon endgültig zerstört, doch es war der unerschütterliche Glaube an ihre segensspendende Kraft, der letztlich zur Rettung führte.

Aufgeben

Schulaufsatz: »Erkläre die Begriffe Zorn, Wut und Empörung und grenze sie voneinander ab!« Nicht einfach! Wie schwer man sich doch tut, Gefühle mit Worten zu beschreiben. Da helfen auch Adjektive oder Vergleiche (»ängstlich wie ein Hase«) oft nicht weiter. Wer aber die Liebe, Eifersucht oder Freude selbst erlebt hat, der weiß um seine Empfindungen, gründet tiefer, wie auch der, der auf einem Berggipfel steht, Meereswellen auf sich wirken lässt oder Franz Schuberts »Unvollendete« hört. Auf eine Formel gebracht: Leben ist gleich Denken plus Erfahren.

Nachdenken
Erfahrung

»Denn es kam manchmal vor, dass er sich in die Schlacht stürzte, wo es keine Schlacht gab.«
Katherine Mansfield (1888–1923)
in »Seligkeit«

»Im Reden bist du stark, doch im Hören schlecht.«
Sophokles (497–406 v. Chr.)
in »König Ödipus«

Die britisch-neuseeländische Autorin hat den Streithammel im Blick. Er stiftet Unruhe, vergiftet die Atmosphäre, ein echter, meist beratungsresistenter Plagegeist. Warum ist er so? Die psychologische Forschung nennt viele Ursachen. Häufig liegt eine mehr oder weniger starke Persönlichkeitsstörung in Form emotionaler Instabilität vor. Als Auslöser der Streitlust werden neben anderem Selbstverliebtheit, Hochmut, mangelnde Selbstkritik, Starrheit, das Gefühl vermeintlich ungerechter Behandlung genannt. Der Streitsüchtige greift an, wobei er sich in Wahrheit oft im Verteidigungsmodus befindet. In krassen Fällen empfiehlt sich ärztlicher oder psychologischer Rat.

Zuhören: nicht jedermanns Stärke, vor allem in deutschen Talkshows eine Rarität. Niederschwatzen, plattmachen, darum geht es. Und die Talkmaster, Damen wie Herren, lassen es gewähren, ja, unterbrechen selbst hemmungslos. Welche Unkultur! Welch schlechter Stil! Welche Überheblichkeit und welch mangelnder Respekt dem anderen gegenüber, den man nicht für wert hält, seinen Gedanken zu Ende zu führen! Letztlich ist dies alles ein Ausdruck niederer Kinderstube, die leider in vielen Lebensbereichen mehr und mehr sichtbar wird.

Reden
Zuhören

»Wenn die Menschen wüssten, wenn sie ahnen würden, was ein Schriftsteller für seine Arbeit aufwendet! Was man aufwenden muss? Alles, das ganze Leben!«

Sándor Márai (1900–1989)
in »Zwischen Himmel und Erde«

»Die Höhe einer Menschenseele ist zum Teil danach zu ermessen, wie weit und vor wem sie fähig ist, Ehrfurcht oder Verehrung zu bezeugen oder Andacht zu empfinden.«

Fjodor M. Dostojewski (1821–1881)
in »Tagebuch eines Schriftstellers«

»Dem geht das doch leicht von der Hand!« So denken viele über die schreibende Zunft. Deren Vertreter hätten es gut. Gemütlich am Schreibtisch sitzen und einfach zu Papier bringen, was einem einfällt, ohne Stress. O wie weit gefehlt, nicht nur, was Schriftsteller betrifft! Schreiben für die Öffentlichkeit: ein ständiger Kampf, ein, so Márai an anderer Stelle, Ringen mit dem Widerstand, der einem Stoff innewohnt, der Stoff, der bearbeitet werden will, damit daraus ein griffiger Gedanke wird. Jede Zeile, soll sie Substanz und Form besitzen, also ein Kraftakt!

Der Ehrfürchtige fühlt, dass da jemand oder etwas ist, der bzw. das ihn überragt, wie etwa das Göttliche, die Natur, eine Kathedrale, eine ruhmreiche Persönlichkeit oder eine herausragende Leistung. Wer eines solchen Empfindens fähig ist, weiß sich besser ins Gesamte einzuordnen als derjenige, der über den Sensor für Verehrungswürdiges nicht verfügt. Großes, Mächtiges nicht zu erkennen, birgt die Gefahr, sich selbst unangemessen zu überhöhen, was oft einen tiefen Fall zur Folge hat.

Schriftsteller

Verehrung

»Aber Ungewissheit ist die schrecklichste Verdammnis.«

Friedrich von Schiller (1759–1805)
in »Der Geisterseher«

»Hier ist es schön. Ich stehe sehr intim mit dem See, der unmittelbar unter meinen Fenstern liegt, schwimme, rudere.«

Thomas Mann (1875–1955)
in einem Brief vom 29. Juli 1907
an Carl Ehrenberg

Nicht zu wissen, wie eine wichtige Sache endet, zehrt an den Nerven. Das kennt jeder, gehe es um die Gesundheit, Liebeskummer, Examina oder einen Rechtsstreit. Klare Verhältnisse dagegen beruhigen, oft sogar dann, wenn das Resultat negativ ist. Dass ungewisse Zustände so belasten, müssen vor allem alle Beratungsberufe verinnerlichen. Bei Ärzten ist dies elementar. Gleiches gilt für Richter und Rechtsanwälte. Sie müssen die Parteien zur Vernunft bringen und mit Weisheit darauf hinwirken, dass sich die Kontrahenten nicht über Jahre zerfleischen und mit dem Gedanken an den Konflikt, dessen Ausgang niemand kennt, morgens aufwachen und abends ins Bett gehen. Schiller hatte in seinem Leben hinreichend mit Ungewissheiten zu tun und wusste, wovon er sprach.

Gemeint ist der Starnberger See. Das Entscheidende dieser Beschreibung: Der Dichter verweist nicht nur darauf, was er sieht, sondern er hebt seine sehr persönliche Beziehung zu diesem See heraus. Intim sei sie. Damit wird der See zu einer Herzensangelegenheit. Dichter und geschaute Natur werden eins, sprechen zueinander. Der See als beseeltes Wesen: Das verbindet, inspiriert, schafft Demut. Ein Abschied fällt schwer. Man möchte wiederkommen. Wer würde solche Gefühle nicht kennen!

Natur
Starnberger See

Ungewissheit

»Die Krone sitzt nicht, wenn der Kopf nicht groß genug ist.«

George Bernard Shaw (1856–1950)
in »Die heilige Johanna«

»Wenn man schenkt, muss man gleich recht schenken.«

Wilhelm Hauff (1802–1827)
in »Das kalte Herz«

Ein echter Shaw! Irisch-britische Süffisanz! Die spöttische Bemerkung passt überall, wo jemand seinem Amt nicht gewachsen ist, was wir natürlich in allen Lebensbereichen antreffen. Spontan dürften die meisten Menschen an die Politik denken, wo Ministerämter immer wieder ohne Blick auf sachliche Kompetenz verteilt werden. Man stelle sich vor, ein Deutschlehrer dürfte plötzlich Herzoperationen durchführen. Dass eine Medizinerin von einem auf den anderen Tag an der Spitze des Militärs steht, ist jedoch nicht nur erlaubt, sondern sogar Fakt. Was bemerkenswert ist: In der Schusslinie sind meistens die kleinköpfigen Amtsinhaber, seltener diejenigen, die ihnen einmal die Krone aufgesetzt haben.

Politiker

Ein Geschenk bedeutet eine Würdigung des Empfängers, sei es anlässlich eines Geburtstags, einer Einladung oder eines bestandenen Examens. Würdigung: Das heißt, man drückt mit dem Geschenk einen Dank oder eine Anerkennung gegenüber einer ganz bestimmten Person aus. Sollen der Dank oder die Anerkennung das Herz des Empfängers erreichen, muss das Geschenk individuell auf ihn zugeschnitten sein. Er muss das Gefühl haben, dass sich der Schenker Gedanken darüber gemacht hat, was Ersteren erfreuen könnte. 08/15- oder vollkommen unpassende Geschenke bewirken daher oft das Gegenteil des Erstrebten. Der Gipfel der Unachtsamkeit ist erreicht, wenn man zurückschenkt, was man früher einmal vom Beschenkten empfangen hat. Das soll vorkommen!

Schenken

»Wie schnell zerstreuen sich Unrast und Verzweiflung in der Stille der Natur.«

Lion Feuchtwanger (1884–1958)

»Daß für den Mensch nichts so notwendig sei wie die Freiheit, daran dürfe man nach zehntausend Jahren Geschichte wohl nicht mehr zweifeln.«

Martin Walser (1927–2023)
in »Gar alles«

So mancher könnte sich seine Beruhigungs- oder Aufmunterungspillen sparen, begäbe er sich häufiger in die Natur, weg von Lärm und hektischem Alltagsgetriebe. Balsam für die Seele, alles in der Natur besitzt einen heiligen Sinn. Sie spricht zu uns, und wenn wir uns auf sie einlassen und eins werden mit ihr: Sprechen wir nicht auch zu ihr? Wir haben ihr doch etwas zu sagen: Worte des Dankes, der Bewunderung. Hier müssen wir dem Glück nicht hastig und ungeduldig nacheilen, in der Vollkommenheit der Schöpfung erfahren wir es unmittelbar.

Natur

Der Mensch darf nicht zum Werkzeug zentralistisch verordneter Pläne degradiert werden. Das ist eine Frage seiner Würde. Jeder Staat scheitert, der nicht die verschiedenen Talente seiner Bürger nutzt. Diese Vielfalt schafft Lebendigkeit und Fähigkeit zur Regeneration. Das hängt auch damit zusammen, dass sich Freiheit und Verantwortung bedingen. Der Einsatz muss lohnen, für Fehler steht man selbst ein. Erfolge stiften Glück. Aber kann man nicht verzweifeln? Trotz aller Erfahrungen erscheinen immer wieder Politiker auf der Bildfläche mit der Idee des Planungsstaats. Und ebenso schlimm: Kaum ein Parteigenosse widerspricht, und wenn, dann halbherzig.

Freiheit

»Je besser ein Buch ist, desto weniger Aussicht auf Absatz hat es.«

Honoré de Balzac (1799–1850)
in »Verlorene Illusionen«

»Ein schönes Benehmen ist der Schmuck des Lebens, und jeder angenehme Ausdruck hilft wundervoll von der Stelle.«

Baltasar Gracián (1601–1658)
in »Handorakel und Kunst der Weltklugheit«

Nun ja, man kann darüber streiten. Ausnahmslos gilt das sicher nicht. Aber in der Tat gibt es, wenn wir einmal auf den belletristischen Bereich schauen, unzählige Bestseller ohne Substanz, ohne erkennbaren Sinn und von miserabler Sprachkultur. Umgekehrt haben es wirklich gehaltvollere Romane und Lyrik von Rang heute schwer. Tiefgang erlebt nicht gerade Hochkonjunktur. Oberflächliches, Psychologisches, Abstruses und Gewaltthemen, das wird gekauft. Man muss sich fragen, ob unsere atheistisch-wissenschaftlich-technische Welt der Naturferne, eine Welt, in der sich Sprache in oft hingeworfenen E-Mail-Korrespondenzen bildet, und eine Welt niveauloser TV-Unterhaltung überhaupt den Humus für eine hohe, unsere Zeit überdauernde Literatur bilden kann.

Täuscht der Eindruck, dass gutes Benehmen, Höflichkeit, Rücksicht, Zuvorkommenheit und Liebenswürdigkeit aussterben? Ich glaube nicht. Das Miteinander ist ruppiger geworden, stilvolles Auftreten, die Wahrung von Formen findet man immer seltener. Dabei ist es kurzsichtig, auf all dies nicht zu achten, denn es öffnet ebenso wie Aufmerksamkeit und Taktgefühl durchaus auch Türen. Die Kultur des Zusammenlebens hat Schaden genommen. Das betrifft primär die jüngeren Menschen. Die Ursache liegt bei der ebenso nachlässigen wie verfehlten Erziehung durch die Älteren. Grenzenlose Selbstverwirklichung ist ein gefährliches pädagogisches Ziel. Es schafft keine glücklichen Menschen und sät Unfrieden in der Gemeinschaft.

Buchverkauf

Benehmen

»Dem einen bringen die Wissenschaften Nutzen, dem anderen aber verwirren sie nur den Verstand.«

Anton Tschechow (1860–1904)
in »Die Steppe«

Einschränkend wird man zunächst feststellen müssen, dass wir alle in hohem Maße von den Wissenschaften profitieren. Vereint mit der Technik liefern sie segensreichen medizinischen Fortschritt und der Unterhaltung und den Bequemlichkeiten dienende Errungenschaften. Aber die Wissenschaften zerstören auch, verfügen manchmal über geradezu dämonische Kräfte, tun der Natur Gewalt an, entpersönlichen den Menschen, machen ihn zum seelenlosen Dominator, zugleich aber auch zum Sklaven. Wer die Welt ausschließlich durch die wissenschaftliche Brille betrachtet, hat im Grunde eine künstliche Sicht. Die ganze Wirklichkeit, das heißt, beseelte Wirklichkeit, erschließt sich erst aus dem Lebenszusammenhang von Mensch, Natur, Geist und Geschichte, also dem Neben- und Miteinander verschiedener Blickwinkel.

Wissenschaften

»Denn was man ist, dem gleicht auch, was man schafft.«

Aristophanes (ca. 450–380 v. Chr.)
in »Die Thesmophariszusen«

Die Magazine sind voll von Persönlichkeitstests, vor einiger Zeit erschien ein Buch mit dem Titel »Wer bin ich und wenn ja, wie viele?« Ein Bestseller. Die Entdeckung und Entschlüsselung der eigenen Persönlichkeit hat also Hochkonjunktur. Mit am überzeugendsten scheint jedoch immer noch das uralte Rezept des eingangs zitierten griechischen Komödiendichters. Das, was ein Mensch tut, leistet und schafft, lässt recht zuverlässige Rückschlüsse auf ihn zu, denn es sind seine ganz individuellen und unverwechselbaren Talente, sein Wissen, seine Stärken und Schwächen, die sein Handeln bestimmen. Wollen wir also Näheres über die Persönlichkeit eines Menschen erfahren, schauen wir insbesondere auch auf sein Schaffen.

Mensch
Leistung

»Denn auch das Gütigsein benötigt Kultur, sonst ist es unerträglich.«

Sándor Márai (1900–1989) in »Bekenntnisse eines Bürgers«

Das ist eine sehr feinfühlige Erkenntnis des großen ungarischen Schriftstellers. Der Gütige, der Helfer, der Barmherzige -sie müssen sensibel ausloten, wo Unterstützung und Beistand noch als solche empfunden werden und willkommen sind. Ein Zuviel kann der Empfänger als lästig, ja sogar als Ausdruck mangelnder Distanz und Rücksicht betrachten. Wird nämlich eine Grenze des Helfens und Mitdenkens überschritten, so fühlt sich mancher in seiner Ehre oder gar Würde berührt, wenn er meint, einer Hilfe solchen Ausmaßes gar nicht zu bedürfen. Auch hier gilt also wieder: Das rechte Maß entscheidet über die Richtigkeit des Handelns.

Güte
Helfen

»Pfeilgeschwind dringt das Gerücht über Länder und Meer.«

Properz (ca. 48–15 v. Chr.)

So war es auch schon vor Christi Geburt. Unverbürgte Nachrichten leben von dem Reiz der Unsicherheit, ob sie nun wahr, falsch oder halbwahr sind. Das garantiert eine schnelle Verbreitung. Nicht selten werden sie aus taktischen Gründen bewusst gestreut, oft mit boshafter Motivation, wie Schadenfreude, Neid oder Missgunst. Die Bitte, die Nachricht nicht weiter zu verbreiten, ist heuchlerisch, wenn gerade das Gegenteil erhofft wird. Ist die Behauptung ehrenrührig, kann dies die Strafverfolgungsbehörden auf den Plan rufen, denn die Tatbestände der Verleumdung und üblen Nachrede können auch dann erfüllt sein, wenn der Täter seine Behauptung mit der Formulierung verbindet: »Ich habe gehört, dass …« Jemand, der zur Verbreitung von Gerüchten neigt, sollte gewarnt sein.

Gerücht

»*Es muss doch in Staat und Kirche wie in dem kleinsten Rechtshandel eine letzte Instanz geben, bei der man sich beruhigen kann!*«

Conrad Ferdinand Meyer (1825–1898)
in »Das Amulett«

»*Er duzte sich mit jedem, mit dem er Champagner trank; Champagner aber trank er mit allen.*«

Leo Tolstoi (1828–1910)
in »Anna Karenina«

Heute bedarf es keines Champagners mehr. Das »Du« hält Hof. Ganz sachlich lässt sich feststellen: Der Verzicht auf das »Sie« drückt eine Verringerung der Distanz aus und suggeriert eine Vertrautheit, auch in Bereichen, wo sie kontraproduktiv wirken kann oder sich im Verhältnis der Beteiligten zueinander im Vergleich zu vorher gar nichts ändert, zum Beispiel im Kollegenkreis, wo genauso gemobbt wird wie zuvor. Die Unterscheidung zwischen »Sie« und »Du« war und ist ein Reichtum der deutschen Sprache, der Übergang zum »Du« ein Zeichen dafür, größere Nähe schaffen zu wollen. Wo sich Erwachsene spontan duzen, da wählt man eine lockere Form, obwohl sie der Qualität der Beziehung zueinander gar nicht entspricht. Dass es andere Traditionen gibt, wie auf dem Bau oder im Sport, versteht sich. Heute geht alles durcheinander.

Der Bürger soll sich sicher fühlen können. Das betrifft die Sicherheit für Leib und Leben, Rechtssicherheit, Orientierungs- und Planungssicherheit, ja, auch das.Geborgensein im Göttlichen könnte der Schweizer Schriftsteller im Blick gehabt haben. O wie weit sind wir heute doch von allem entfernt! Die Kirchenführer machen zu viel Politik, nicht nur grüne Abgeordnete sehen in bewachten Grenzen »ein Symbol für Kleinstaaterei und Abschottung«, der Gesetzgeber verunsichert die Bürger mit einer unüberschaubaren Normenflut, in der Politik wird Vernunft zu oft der Karriere geopfert und durch zu milde Strafen auch bei schweren Delikten werden das Gerechtigkeitsempfinden und das Vertrauen in die Justiz verletzt. Ist wenigstens unser höchstes Verfassungsgericht eine Instanz, die beruhigt? Nein, viel zu oft spielt Karlsruhe den unberechenbaren Gesetzgeber und macht alles nur noch schlimmer, siehe Erbschaft- oder Grundsteuer.

Staat
Kirche
Befriedung

Duzen

»Der Mensch muss gläubig sein oder den Glauben suchen, sonst bleibt sein Leben leer.«

Anton Tschechow (1860–1904)
in »Drei Schwestern«

»Und wähne dich nicht mächtig, wo du machtlos bist!«

Euripides (ca. 480–406 v. Chr.)
in »Die Troerinnen«

Mit diesem Satz wird sich der Atheist schwertun. Es ist daher wichtig, zu verstehen, was Tschechow uns sagen will. Wer sein Dasein nur innerweltlich deutet, macht sich zum Maß aller Dinge. Es fehlt ihm an Demut, und er sieht keinen Grund für Dankbarkeit. Wem gegenüber denn auch? Wer dagegen glaubt, erkennt das Leben als Geschenk, erkennt das Wunder und die grenzenlose Phantasie der Schöpfung. Wer glaubt, fühlt sich reich, weil er begreift, dass nichts selbstverständlich ist. Tschechow geht es dabei nicht unbedingt um einen bestimmten Glauben, sondern darum, dass schon viel gewonnen ist, wenn der Mensch im Bewusstsein der Existenz einer ihm unendlich überlegenen Macht lebt.

Glauben

Der klassische griechische Dramatiker hat hier einen zentralen Aspekt des menschlichen Daseins im Blick. Man hat eigentlich permanent damit zu tun, denn wer aktiv ist, kreiert Wünsche, macht Pläne, verfolgt Ziele. Doch wie oft steht etwas oder jemand im Wege. Es erfordert Klugheit, zu erkennen, wo es an Kompetenz oder Einfluss mangelt, das Erstrebte durchzusetzen. Wer seine Situation falsch einschätzt, läuft Gefahr, unnütz Kräfte zu vergeuden oder gar ein unglücklicher Mensch zu werden.

Machtlosigkeit

»Der Künstler, der alles kann, was er will, der ist kein wirklicher Künstler; der ist es, der nur kann, was er nicht lassen kann.«

Emil Nolde (1867–1956)
in »Mein Leben«

»Und redliche Geschwister beschädigen sich nicht und halten Ruh.«

Franz Grillparzer (1791–1872)
in »Des Meeres und der Liebe Wellen«

Viele große Künstler haben sich ganz ähnlich geäußert. Nolde will sagen, dass ein Werk der bildenden Kunst nicht Produkt subjektiver Willkür ist, nach dem Motto: »Es steht mir frei, so oder so zu malen.« Nein, alle wirklich bedeutenden Künstler der Geschichte drängte es, das Bild oder die Skulptur genauso zu schaffen, wie sie es getan haben. Sie waren geradezu getrieben davon. Oft bedurfte es auch mehrfacher Korrektur, bis das Werk endlich so war, wie es sein sollte, ja musste. Viele der ganz Großen haben es sinngemäß wie folgt auf den Punkt gebracht: »Nicht ich habe gemalt, es hat gemalt.«

Künstler

Diese Weisheit ist Feststellung und Appell zugleich. Es stimmt leider, dass sich viele Geschwister, obwohl so nah verwandt, nicht verstehen oder sogar vollkommen zerstritten sind. Über die Gründe wissen Psychologen viel zu berichten. Der Gesetzgeber zog die Konsequenz. Geschwister haben nach deutschem Erbrecht unter keinen Umständen einen Pflichtteil.

Jeder kann also durch letztwillige Verfügung dafür sorgen, dass sein ungeliebtes Geschwister aus dem Nachlass nichts bekommt. Und Grillparzers Rezept für harmonische Geschwisterbeziehungen: Immer darauf achten, dass man dem anderen nicht wehtut, und Zurückhaltung üben, das heißt: keine ungefragte Einmischung.

Geschwister

»Lasst die Erinnerung uns nicht belasten mit dem Verdrusse, der vorüber ist.«

William Shakespeare (1564–1616)
in »Der Sturm«

»Man liebt, weil man liebt, dafür gibt es keinen Grund.«

Paulo Coelho (geb. 1947)
in »Der Alchimist«

Ein weiser Rat, doch wie schwer oft zu befolgen. Unsere Erinnerung ist kein Fernsehbild, das mit einem Knopfdruck verschwindet. Viel Vergangenes bemächtigt sich unser so stark, dass es nur langsam versiegt, manches ein Leben lang nicht. Unangenehmes, nachhaltig Belastendes zu verdrängen, ist daher ein Prozess, nicht selten eine richtige Aufgabe. Oft bedarf der Mensch hierfür sogar professioneller therapeutischer Hilfe, wenn die Erinnerungen traumatischer Natur sind. Allerdings gibt es auch negative Erinnerungen, die der Mensch eher nicht löschen sollte. Ihre Bewahrung kann vor der Wiederholung von Fehlern schützen oder einer sittlichen Pflicht entsprechen.

Verdruss
Verdrängen

Man muss wohl unterscheiden: Wer die Ursache für eine Liebe in Gott bzw. im Schicksal sieht, kann sehr wohl auf einen Grund verweisen. Aber die Bücherregale mögen noch so voll sein von wunderbarsten Romanen und Gedichten über die Liebe, nie ganz in Worten zu fassen ist sie. Wer könnte auch genau beschreiben, warum er einen anderen Menschen liebt? Man mag noch so viele »liebenswerte« Merkmale und Eigenschaften aufzählen und die Liebe mag noch so tief und kraftvoll sein, nie wird man auf ihren Kern stoßen, denn sie ist nun einmal ein einziges Mysterium. Und doch weiß der, der liebt, was gemeint ist.

Liebe

> *»Auf unsern deutschen Bühnen probiert ein jeder, was er mag.«*
>
> Johann Wolfgang von Goethe
> (1749–1832)
> in »Faust«, Teil I

In der Tat. Auf den Theater- und Opernbühnen. Zwar wird niemand bestreiten, dass experimentiert werden darf und Inszenierungen einem Wandel unterliegen müssen. Der »Parsifal« der Uraufführung von 1882 ist ein anderer als der von 2024. So Vieles ändert sich: Gesangs- und Sprechkultur, Hörverhalten, Pathos, ja, die ganze geistige Lage. Immer aber muss eine Oper im Einklang mit Text und Musik auf die Bühne gebracht werden. Der Wahn, das Geschehen um jeden Preis in andere Zeitalter zu verlagern, führt zur Zerstörung von Sinnzusammenhängen, mit der Folge, dass man dann weder das Vergangene noch das Gegenwärtige versteht. Verehrte Regisseure, inszenieren Sie das Ihnen vorgegebene Werk! Auch ohne dessen Zerstörung können Sie Ihre Kompetenz beweisen.

Theater
Oper

*»Oh, wie süß ist es,
seine eigene Überzeugung aus
fremden Munde zu hören!«*

Johann Wolfgang von Goethe
(1749–1832)
in »Wilhelm Meisters Lehrjahre«

*»Es gibt eine gewisse natürliche
Vornehmheit, die Kleidung weder
verleihen noch verdecken kann.«*

Henry Fielding (1707–1754)
in »Tom Jones«

Die Welt lebt natürlich von der Vielfalt der Meinungen. Das ist geradezu die Würze. Wir befinden uns jedoch in einer Zeit verbreiteter Irrungen und Wirrungen. Vielfach regiert nicht die Vernunft, sondern Emotionen haben Hochkonjunktur, das Irrationale hält Hof: auf den Bühnen, bei der Hohen Geistlichkeit, den technischen Entwicklungen, bei der Beurteilung politischer Fragen ohnehin. Es ist zum Verzweifeln, wie einseitig Gefühlsregungen das Denken und Handeln oft lenken anstatt sachlicher Analyse und der weite Blick nach vorne. In solchen Zeiten ist es für Menschen mit Durchblick geradezu ein Wohlgefühl, auf Gleichgesinnte zu stoßen.

Einigkeit

So mancher putzt sich fein heraus, aber die erstrebte Ausstrahlung erreicht er dennoch nicht. Der Dress mag chic, vielleicht sogar teuer sein, Vornehmheit verlangt jedoch mehr. Sie ist von guter Erziehung und Stil nicht zu trennen. Den Vornehmen zeichnet ein angemessenes Benehmen aus, wozu Anstand, eine gewisse Zurückhaltung und Vermeidung vulgärer Sprache gehören. Es liegt ein tiefer Graben zwischen einem natürlichen vornehmen Wesen und eitler, herablassender Überheblichkeit, die Vornehmheit nur spielt.

Kleidung
Vornehmheit

»*Das Schöne am Frühling ist, dass er immer dann kommt, wenn man ihn am dringendsten braucht.*«

Jean Paul (1763–1825)

»*So schmal ist die Grenze, die zwei Lebenspfade scheidet.*«

Friedrich von Schiller (1759–1805)
in »Wallensteins Tod«

Die Zeit von Dunkelheit und Kälte verabschiedet sich. »Frühlingserwachen« – das klangvolle deutsche Wort drückt es treffend aus. Was schlief, ja teilweise wie tot schien, erwächst zu bunter Blüte. Wahrlich ein Wunder, das wie eine Erlösung, fast wie eine Auferstehung erlebt wird. Und dieser Zauber des Neubeginns berührt uns in jedem Jahr wieder. Wir erleben die Zeit dann nicht als nur profan physikalische, sondern als mythisch wiederkehrende, weshalb wir auch nicht von »einem«, sondern von »dem« Frühling sprechen.

Frühling

Im Rückblick verliert man schnell aus den Augen, wie anders alles hätte verlaufen können. Die nicht gewählte Alternative hat, auch wenn man noch so hin- und hergerissen gewesen sein sollte, in der Regel keine Bedeutung mehr, betreffe es zum Beispiel die Partner- oder Berufswahl oder handele es sich um geringere Entscheidungen wie die Auswahl eines Reiseziels. Aber Schiller meint nicht nur Situationen, in denen man bewusst und vorsätzlich zwischen mehreren Möglichkeiten entscheidet. Wie oft haben wir nicht einmal eine Ahnung davon, wie knapp uns ein bestimmtes Schicksal nicht getroffen hat, sei es, dass es uns beglückt oder vernichtet hätte. Im Leben liegen die Wege haarscharf nebeneinander, die guten und die schlechten. Man sollte sich dessen bewusst sein, darüber aber auch nicht irrewerden.

Leben

Schicksal

> *»Verzweifeln müsste jeder Kranke, das Übel kennend, wie der Arzt es kennt.«*
>
> Johann Wolfgang von Goethe
> (1749–1832)
> in »West-östlicher Divan«

Nicht jeder wird Goethe zustimmen, denn eigenmächtige Behandlungen, Kunstfehler und Informationsversäumnisse haben zu einem weithin veränderten Verhältnis zwischen Medizinern und Patienten geführt. Umfassende Aufklärung wird heute von ersteren gefordert. Es gilt, die Würde und das Selbstbestimmungsrecht des Patienten zu respektieren. Aber wo sind die Grenzen? Für den verantwortungsvollen Arzt ein Riesenproblem. Denn nicht selten hängen die Heilungschancen auch vom Gesundungswillen des Patienten ab, der bei einem Zuviel an Aufklärung in Ängste und Verzweiflung getrieben werden kann. Man denke nur an die Verunsicherung allein durch Arzneibeipackzettel. Auch wenn die Juristen den Ärzten heute im Genick sitzen: Dem Arzt muss in dieser Konfliktsituation ein Spielraum für den Umfang seiner Wissensvermittlung verbleiben. Vernünftige und sensible Nutzung dieses Spielraums sowie ermutigender Zuspruch dienen dem Wohl des Patienten oft mehr als eine schonungslose Aufklärung über denkbare Risiken.

Krankheit, Arzt

> *»Das Volk ist wie ein Kind, es muss alles zerbrechen, um zu sehen, was darin steckt.«*
>
> Georg Büchner (1813–1837)
> in »Dantons Tod«

Auch bei Büchner geht es wieder um das rechte Maß, nach dem Motto »Darf's ein bisschen mehr sein?« Alles wird bis zum Äußersten strapaziert, so auch an sich segensreiche Prinzipien unserer staatlichen Ordnung. Der Sozialstaat ist nicht nur ein Helfer in der Not, sondern beschädigt in seiner extremen Form das Leistungsprinzip und erzeugt zugleich Hängemattenmentalität. Die Übertreibung demokratischer Mitbestimmungsrechte bis in die letzten Ebenen lähmt oft die Funktionalität. Auch das Rechtsstaatsprinzip kann zu Tode geritten werden, wenn eine Normenflut Orientierungslosigkeit produziert (»Ich blicke nicht mehr durch«) oder dort gängelt, wo die freie Entfaltung der Kräfte erfolgreicher wirken würde. Auch ist das Rechtsstaatsprinzip dann kontraproduktiv, wenn selbst bei den kleinsten Konflikten mehrere gerichtliche Instanzen zur Verfügung stehen und es viel zu lange dauert, bis endlich Rechtsklarheit geschaffen ist.

Rechtsstaat
Volk
Neugier

»Es ruht noch manches im Schoß der Zeit, das zur Geburt will!«

William Shakespeare (1564–1616)
im »Othello«

»Man kann nicht ohne Gleichheit lieben.«

Marie-Henri Beyle alias Stendhal
(1783–1842)
in »Rot und Schwarz«

Natürlich sind die Partner einer Liebesbeziehung immer ungleich, denn zwei gleiche Menschen gibt es nicht. Sie unterscheiden sich in ihrer Biografie, im Charakter, in ihren Erfahrungen und dem, was sie gelernt haben, in den Interessen, Wünschen, Meinungen und vielem mehr. Was also meint der französische Schriftsteller, wenn er sagt, man könne ohne Gleichheit nicht lieben? Es ist die Achtung dem anderen gegenüber, und zwar in der Weise der Gleichrangigkeit, auch wenn einer von beiden mehr erreicht haben sollte als der andere. Nimmt man den anderen nicht vollkommen ernst, begegnet man sich nicht auf Augenhöhe, schaut also auf den anderen herab und hat das Gefühl, der menschlich Überlegene zu sein, ja, vielleicht sogar über die größere Würde zu verfügen, dann ist das der Tod der Liebe.

Liebe

Dass dies so ist, wissen wir: Die Gegenwart trägt bereits Keime für Zukünftiges in sich. Deutlich wird dies, wenn wir umgekehrt in die Vergangenheit blicken, denn dann lässt sich – wenn auch in Grenzen – nachvollziehen, wie sich eines aus dem anderen entwickelt hat. In der Richtung nach vorne funktioniert das jedoch nicht. Wir wissen zwar, dass die Zukunft aus dem Gegenwärtigen erwächst, jedoch mögen wir letzteres noch so sorgfältig analysieren, niemals können wir Zuverlässiges darüber sagen, was kommen wird. Eine Grunddisposition des Menschentums! Solche Erkenntnis bedeutet jedoch nicht, sich fatalistisch oder gar lethargisch dem Schicksal hinzugeben. Das Wissen um die Bedeutung der Gegenwart für die Zukunft heißt für uns zugleich das stete Bemühen, die im Gegenwärtigen bereits lauernden Gefahren zu erkennen und rechtzeitig gegenzusteuern. Das ist ein Frage von Klugheit hoher Politik, aber auch jedes Einzelnen.

Zukunft

»Unsereiner wird immer kleiner, je tiefer er ins Leben geguckt hat«

Joachim Ringelnatz (1883–1934)

»Meine Heimat war ein Gefühl.«

Sándor Márai (1900–1989)
in »Die Glut«

Ringelnatz, der viele Jahre in München gelebt hat, spricht hier von der Demut. Sie wächst mit zunehmendem Alter, wenn man nur seine Antennen ausgefahren hat. Demut gegenüber den Wundern der Schöpfung und der grenzenlosen Phantasie, die sie offenbaren: die Landschaften, die Meere, die reiche Vielfalt in Flora und Fauna, die Unendlichkeit des Alls. Wie klein wird man da in der Tat! Aber auch Demut gegenüber der Größe des Geistigen, das die Welt durchdringt: das Religiöse, das Wissen, die Moral. Es ist alles unfassbar und durchaus nicht einfach, in alledem den richtigen Weg und sein Glück zu finden. Da bedarf es schon der Hilfe von oben.

Bescheidenheit
Religion
Moral

Deshalb sind sich die einen ganz sicher, wo ihre Heimat ist, andere dagegen, die kompliziertere Biografien aufweisen, tun sich damit oft schwer. Sie erklären sich entweder für wurzellos, manche sehen sich auch als sog. »Weltbürger«. Wiederum andere denken überhaupt nicht tiefer nach und bekunden, ihre Heimat sei immer dort, wo sich gerade ihr Zuhause befinde. Das ist nicht weit gedacht. So hörte ich von einem Rheinländer, der sich schon nach drei Jahren München zum »Bayern« erklärte. So jemand weiß nicht, was »Heimat« wirklich bedeutet, nämlich das vertraute Einssein mit Landschaft, Geschichte, Kultur, Mentalität, Sitten und Gebräuchen – und entsprechender Prägung. Diese Aufzählung macht schon deutlich: Unser Zeitalter hoher Mobilität steht mit echtem Heimatgefühl durchaus auf Kriegsfuß, leider mit vielen negativen Folgen.

Heimat

易經

»Eigne Gedanken sprichst du mir ab? Auch sind es nicht eigne: In der Weihe Moment gab sie die Muse mir ein.«

Franz Grillparzer (1791–1872) in »Sprüche und Epigramme«

»Was im Ton übereinstimmt, schwingt miteinander.«

Aus »I Ging, das Buch der Wandlungen« (entstanden im 9. Jh. v. Chr.)

Wohl die wenigsten Geistesgrößen der Geschichte meinten, ihre Werke seien allein auf eigenem Mist gewachsen. Es fehlt nicht an Zeugnissen für den tiefen Glauben, Urheber ihrer Ideen sei letztlich der göttliche Schöpfer. Die Begriffe Einfall und Eingebung beschreiben dies bildhaft. Beethoven sprach von der Musik als einer alle Weisheit und Philosophie überlegenen höheren Offenbarung, Tschaikowsky von der »unsagbar himmlischen Erregung«, Richard Strauss von den »höchsten Geschenken der Gottheit«, Gustav Mahler von einer »heiligen Empfängnis«. Er sei sozusagen selbst nur ein Instrument, auf dem das Universum spiele. Und nicht anders John Lennon, der Beatle. Er sei als Künstler nur ein leeres Fass, welches von höheren Mächten gefüllt werde.

Einfall
Eingebung

Der Wahrheit dieser uralten chinesischen Weisheit kann sich wohl niemand entziehen. Es ist so Vieles, das Menschen oft schon spontan einander anziehen oder abstoßen lässt, seien es der Blick, der Gang, der Geruch, nicht zuletzt auch der Ton. Dem einen gefällt eine laute Stimme, dem anderen eine eher leise. Und so verhält es sich auch mit einem tiefen oder hohen, warmen oder kühlen und hellen oder dunklen Ton. Gleiches gilt für die Melodie der Sprache. Die einen schätzen beim anderen das harte Staccato, die anderen entzückt ein Sempre legato, also die sanftere Verbindung der Worte. Der Ton drückt so viel aus. Wohl denen, die miteinander schwingen!

Ton der Stimme

»Man kann sich gesundschlafen, aber auch krank.«

Theodor Fontane (1819–1898)
in »Effi Briest«

Fontane konnte keine der unzähligen einschlägigen Studien unserer Gegenwart kennen, und doch liegt er richtig. Dass Schlafmangel die geistige und körperliche Gesundheit schädigt, weiß jeder, Schlafentzug ist sogar Folter. Die Gefahren von zu viel Schlaf sind dagegen weniger bekannt, werden aber durch zahlreiche Untersuchungen gestützt. So bestätigt eine große kanadische Studie ein erhöhtes Risiko, Diabetes Typ 2 zu bekommen, eine Studie des University College London führt auch eine Minderung der Gedächtnisleistungen auf zu viel Schlaf zurück, eine weitere aus den USA stellt eine Erhöhung koronarer Herzerkrankungen und Schlaganfälle fest, südkoreanische Forscher sehen einen Zusammenhang zwischen zu langem Schlaf und einer Minderung der Fruchtbarkeit der Frau. Wie dem auch sei: Jedenfalls bedeutet eine ständige Überdosis an Schlaf, wertvolles Leben zu versäumen.

Schlaf
Krankheit

»Feine Leute kommen spät.«

Thomas Mann (1875–1955)
in »Die Buddenbrooks«

Sehr scharf beobachtet, wobei Ironie und Süffisance dieser Aussage nicht zu verkennen sind, ebenso wenig Thomas Manns Kritik, die in ihr steckt. Eine in der Tat berechtigte Kritik. Denn jemand ohne Not bewusst warten lassen, zeugt von befremdender Überheblichkeit. Und nicht nur das: Unpünktlichkeit verrät auch mangelnde Achtung gegenüber dem anderen. Sie wiederum wurzelt in einem Gefühl von Überlegenheit, welches letztlich nichts anderes besagt als: Du bist jemand, der kann ruhig auf mich warten. Sei geehrt, dass ich überhaupt komme!

Pünktlichkeit

»Das nennt Ihr Deutschen Sparsamkeit. Mit dem Groschen rechnen und die Taler verschleudern.«

Joseph Conrad (1857–1924)
in »Lord Jim«

»Verse sind nicht, wie die Leute meinen, Gefühle (die hat man früh genug), es sind Erfahrungen.«

Rainer Maria Rilke (1875–1926)
in »Malte Laurids Brigge«

So der polnisch-britische Schriftsteller schon vor rund 120 Jahren. Nicht nur der Bundesrechnungshof würde das sofort unterschreiben. Hier treffen sich zwei Seelen in deutscher Brust: Einerseits die mit drei Stellen hinter dem Komma rechnende Pfennigfuchserei, ein Ausdruck von Pedanterie und Kleinkariertheit, andererseits das ungezügelte und verschwenderische Hinaushauen von Geldern, dieses oft wurzelnd in Größenwahn und Prestigedenken oder in der Erwartung, Gegenleistungen zu empfangen. Und wen trifft Conrads Kritik am meisten? Die Obrigkeit! Und warum gerade sie? Deren Mitglieder verfügen nicht über ihr eigenes Geld. Das befeuert die Ausgabenfreude.

Diesen Satz muss man zweimal lesen, weil man doch vielleicht denkt: Sind nicht gerade Gedichte der intensivste Ausdruck von Gefühlen? Dann greife man zu einem Lyrikband und führe sich nur zehn Gedichte zu Gemüte. Sehr schnell wird klar: Rilke hat recht. Gefühle haben schon kleine Kinder, Emotionen durchdringen das Leben aller Menschen von Beginn an. Aber ein gutes Gedicht weist darüber hinaus. Es verrät einen reifen Geist, greift eine Erfahrung auf, der dann eine lyrische Form verschafft wird. Natürlich hätte der Dichter ohne Gefühle diese Erfahrung nicht gemacht, aber seine Verse sind nicht das Gefühl, sondern Ausdruck eben jener Erfahrung.

Deutsches Wesen
Sparsamkeit

Lyrik
Gefühle
Erfahrungen

»Wir sehen uns heute vor zu viel Gefühls- und Lebensmöglichkeiten gestellt.«

Robert Musil (1880–1942)
in »Der Mann ohne Eigenschaften«

»Der Überfluss ist's, Herr, der uns verzehrt.«

Bertolt Brecht (1898–1956)
in »Die Rundköpfe und die Spitzköpfe«

Und wieder geht es um das rechte Maß, das zu finden oft so schwerfällt. Nicht nur beim Essen und Trinken, nein, eigentlich bei Vielem, das uns zunächst reizt und beglückt, irgendwann jedoch verdrießt oder gar quält. Der Begriff »Überfluss« beschreibt diese Befindlichkeit geradezu bildhaft. Wir fließen über, treten über die Ufer, bisher lieb gewonnene Genüsse werden lästig, ihre Attraktion schwindet. Ein jeder kennt das und vermag Beispiele aus seinem Leben zu liefern. Und was lässt sich aus derlei Erfahrungen lernen? Dass man bei allem, das ergötzt, von Anfang an eine gesunde Dosierung wählt. So bleibt der Wunsch nach immer neuer Erfüllung erhalten.

Überfluss

Spontan wird mancher dem österreichischen Autor vielleicht widersprechen, denn die reiche Auswahl an beruflichen Wegen und das schier unüberschaubare Freizeitangebot könnten ja gerade als Garanten für irdisches Glück betrachtet werden. Aber sind wir durch die Fülle oft nicht auch überfordert? Wohin reisen? Welches der unendlichen Bücher lesen? Welches Auto kaufen? Welchen TV-Kanal einschalten? Wohin ausgehen? Welches Kleid anziehen? Welche Musik hören? Wie lebt man gesund? Welchen Politiker wählen? Welchem Glauben folgen? Ratgeber und Werbung berieseln uns rund um die Uhr. Eine komplexe, unübersichtliche, in jeder Hinsicht pluralistische Welt ohne ein gemeinsames, verbindendes, Orientierung schaffendes Dach über dem Kopf. So stiftet die Vielfalt nicht nur Freiheit, sondern auch Verwirrung und Frust.

Freizeitangebot

»Die Wirklichkeit ist, selbst wenn sie sich folgerichtig ergibt, nicht völlig vorauszusehen.«

Marcel Proust (1871–1922)
in »Auf der Suche nach der verlorenen Zeit«

»Nur keine Nachlässigkeit in den kleinen Dingen.«

Samuel Beckett (1906–1989)
in »Warten auf Godot«

Eigentlich eine Plattitüde, und doch ist sie kurzer Betrachtung wert. Plant nicht der Mensch fortwährend und rechnet fest mit bestimmten Entwicklungen? Das tut er, und in der Tat muss er es tun, weil es sich anders gar nicht leben lässt. Und doch werden seine Pläne pausenlos durchkreuzt, im Großen und im Kleinen. Naturkatastrophen, Unfälle, Tod, Krankheiten, eine neue Politik, ein neues Gesetz, eine unerwartete Liebe, Nachwuchs, Beförderung, Scheitern im Examen, Kündigung, Gewinnexplosion oder Insovenz, ein böser Nachbar zieht ein. Plötzlich kommt alles ganz anders als erwartet. Aus Regen wird Sonnenschein und umgekehrt. Analysten wissen, was es heißt, sich zu irren. Eine gewisse Vorsicht bei Prognosen ist daher nicht schädlich. Generell!

Zukunft

Das klingt nach Pedanterie. Jedoch offenbart der irische Nobelpreisträger für Literatur hier ein sehr feines Gespür für humanes Miteinander. Es geht um sensible Wortwahl in jeder Situation, um Danksagen, vor allem auch in angemessener Frist, um die Auswahl eines individuell passenden Geschenks, die Formalien einer Einladung, korrekte Anrede, die richtige Kleidung, um achtungerweisende Pünktlichkeit, das Aussprechen von Anerkennung und Lob, um die Bekundung von Interesse am anderen und kleine Hilfeleistungen aller Art. Die Palette von Möglichkeiten, Wärme zu erzeugen, ist riesig.

Nachlässigkeit

> »Wir trinken oft über einem Abgrund Kaffee mit Sahne.«
>
> Andrej Belyi (1880–1934),
> russischer Symbolist,
> in »Petersburg«

Wir machen es uns so richtig gemütlich. Welch Wohlbehagen nach Jahrzehnten Frieden, verbreitetem Wohlstand, Rechts- und Sozialstaat! Sorglosigkeit und Lethargie machen sich breit. Doch wie trügerisch! Die Natur leidet, die Verteidigungskraft erlahmt, das Göttliche gerät aus dem Blick, die Sprache verkommt, freche Ellenbogen verschaffen sich Platz, kulturelle Errungenschaften werden preisgegeben, die Grenzen nicht geschützt, Egoismen gefördert, Minderheiten hofiert, Eigentum wird mehr und mehr belastet, die Steuerschraube munter weitergedreht und unseren Nachfahren eine horrende Staatsverschuldung hinterlassen. Doch man schlürft genüsslich seinen Kaffee mit Sahne!

Leben
Schicksal
Abgrund

»Tacent: satis laudant – Sie schweigen: Das ist Lob genug.«

Publius Terentius Afer (185–159 v. Chr.) in »Eunuchus«

Folgt man dem römischen Komödiendichter, dann wurde offenbar schon in alten Zeiten mit Lob gespart. Und es hat sich nichts geändert. Im Schwäbischen heißt es noch immer: »Ned gschimpft isch globt gnua.« Dabei ist solche Haltung so uneinfühlsam wie unklug. Die Beziehungen zwischen Menschen könnten so viel harmonischer und fruchtbarer sein, wenn die Leistungen des anderen nicht nur erkannt, sondern für diesen auch wahrnehmbar gewürdigt würden, sei es durch Worte oder Taten. Es hat etwas Kaltes, ja Egomanisches, nur an sich selbst zu denken und die Anstrengungen des anderen als selbstverständlich kommentarlos hinzunehmen. Wer für seinen Einsatz das verdiente Echo nicht empfängt, sei es im Beruf oder Privatleben, wird über kurz oder lang demotiviert, nicht selten sogar krank.

Lob

»Das Leben hat es nicht gern und ist einem nicht gnädig und günstig, wenn man es zu ernst nimmt.«

Frank Wedekind (1864–1918) in einem Brief an Beate Heine

Die Betonung liegt auf dem Wörtchen »zu«. Wedekind, Mitbegründer des Simplizissimus und mit 25 Jahren nach München übergesiedelt, wo er auch starb, meinte natürlich nicht, dass man das Leben – das wertvollste Geschenk überhaupt – auf die leichte Schulter nehmen sollte. Wer könnte dann sein Dasein auch erfolgreich bewältigen? Aber man kann auch übertreiben. Nicht immer und überall geht es um einhundert Prozent, und in Vielem, was nervt und wütend macht, steckt bei näherem Hinschauen mehr Witz und Komik, als man zunächst geglaubt hatte. Sicher hätte Wedekind die so weisen Worte in der »Fledermaus« unterstrichen: »Glücklich ist, wer vergisst, was doch nicht zu ändern ist.«

Leben
Ernst

»Es ist nicht angenehm,
jung zu sein. Und dennoch
beneidet man euch.«

August Strindberg (1849–1912)
in »Totentanz«

»Wir sind
naturforschend Pantheisten,
dichtend Polytheisten,
sittlich Monotheisten.«

Johann Wolfgang von Goethe
(1749–1832)
in »Maximen und Reflexionen«

Ja, nicht zuletzt, weil es die Älteren an allen Ecken und Enden zwickt und zwackt. Aber ist der Blick zurück auf die eigene Jugend nicht manchmal verklärt? War es nur eitel Sonnenschein? Man erinnere sich an die oft als ungerecht empfundene Herrschaft der Erwachsenen, die heftigen Kinderkrankheiten, Ängste, Pubertät und Selbstzweifel, Rivalitäten, finanzielle Mittellosigkeit, an Schulstress, Liebesleid, Qual der Berufswahl, Examina und Zukunftsungewissheit. Ist nicht jedes Alter eine Medaille mit zwei Seiten? Man sei klug und nutze und würdige ein Leben lang die jeweiligen Vorteile.

Jugend

Man muss dieser ebenso geistreichen wie angreifbaren Feststellung Goethes nicht folgen, aber interessant ist sie natürlich bis heute. Der naturforschende Pantheist verfolgt das Göttliche fasziniert bis ins kleinste Detail, existiert Gott für ihn doch in allen Dingen der Welt und sind Gott und Welt ein- und dasselbe. Für manchen Poeten dagegen sind die Fülle der Schöpfung und irdisches Ringen Ausdruck einer bunten, polytheistischen Vielgötterwelt, in der es sehr menschlich zugeht. Bei der Moral jedoch, unserem sittlichen Verhalten, da meldet sich das Gewissen, und das ist die Stimme des einen monotheistischen Gottes

Mensch

»Vollendeter Unsinn geschieht auf dieser Welt.«

Nikolai Gogol (1809–1852)
in »Die Nase«

An jedem Tag, in jeder Minute und überall. Der Platz hier würde nicht ausreichen, um nur die Stichwörter aufzureihen, die den Unsinn benennen, der allein das öffentliche Leben aktuell beschäftigt. Greifen wir nur ein Beispiel heraus: unsere Sprache. War es vor einigen Jahren die unsägliche Rechtschreibreform, die aus bis heute undurchsichtigen Gründen am Volk vorbei verfügt wurde und ohne Respekt vor unserer Kultur nur Verwirrung gestiftet hat, so ist es jetzt die geschlechtsneutrale Sprache, die ohne zwingende Not das Leben aller erschwert und am Ende auch ihren Initiatoren einen Bärendienst erweist.

Unsinn
Sprache

»Wenn ein Mann nicht eine gewisse Neigung besitzt, sich hereinlegen zu lassen, dann umso schlimmer für ihn.«

Laurence Sterne (1713–1768)
in »Empfindsame Reise«

Da wird nicht jeder gleich zustimmen. Aber überlegen wir doch einmal! Es heißt ja nicht, es sei gut, hereingelegt zu werden. Wen der bedeutende englisch-irische Schriftsteller hier im Auge hat, ist der ewige Sicherheitskandidat. Nur kein Risiko eingehen! Immer nach dem gefahrlosesten Weg trachten! Vorsicht ist die Mutter der Porzellankiste, immer und überall. Aber ist das nicht auch das Bild eines mutlosen Menschen? Und ist diese permanente Ängstlichkeit nicht oft zugleich Ausdruck mangelnder Energie und Tatkraft? Bei aller Emanzipation und Angleichung: So wünschen sich die Frauen den Mann doch auch im 21. Jahrhundert sicher nicht.

Mann
Sicherheit
Vertrauen

»Übel scheint's mit euch zu stehen, da ihr stets mir widersprecht.«

Pedro Calderón de la Barca (1600–1681)

Solch ein Widerspruchsgeist, den der spanische Dramatiker vor Augen hat, ist gar keine seltene Spezies. Nichts wird einfach hingenommen, immer kommt der eigene Senf hinzu, der korrigiert, ergänzt oder modifiziert. So mancher wähnt sich, ein kritischer Geist zu sein, doch ist seine Besserwisserei oft nur lästig und stimmungstötend, sei es im privaten oder beruflichen Bereich. Ein souveräner Mensch lässt die Dinge auch einmal so stehen und hat es nicht nötig, immer noch eins draufzusetzen.

Widerspruchsgeist

»Aber Machthungrigen ist nur ihre Macht wichtig und nicht Gesinnung, nur die Beute und nicht die Ehre.«

Stefan Zweig (1881–1942)
in »Sternstunden der Menschheit – Cicero«

Stefan Zweig bezieht dies auf eine Erkenntnis, die schon Cicero gewonnen hatte. Ein hartes Urteil, aber liefert die Geschichte nicht hinreichende Belege? Natürlich fehlt es auch nicht an Beispielen für Menschen, die Macht erringen wollten, um Gutes bewirken zu können. Doch dann der Wandel. Die Furcht vor dem Machtverlust meldet sich. Und plötzlich wird die Gesinnung dem Machterhalt geopfert. Werte werden verraten, Eitelkeit, Taktik und Kälte dominieren das Spiel. Und solches ist nicht nur Geschichte.

Macht

»Ein junger Autor glaubt, alles, was er auf die Post schickt, sei schon dadurch verlegt und gedruckt.«

Jean Paul (1763–1825)
in »Flegeljahre«

»Es war ihm, als sei sein ganzer bescheidener Lebenspfad mit einem feinen Goldstaub bestreut.«

Gustave Flaubert (1821–1880)
in »Madame Bovary«

Das schrieb Jean Paul schon vor rund 200 Jahren. Und selbst ein Friedrich von Schiller war auf den Mäzen Herzog Karl August von Sachsen-Weimar angewiesen. Nichts hat sich an dieser Situation geändert, weder an dem oft naiven Optimismus (nicht nur) junger Autoren, sondern auch an den Chancen einer Veröffentlichung. Man schätzt, dass nur ein Prozent der den Verlagen eingesandten Manuskripte tatsächlich auch gedruckt werden. Die Schriftstellerei verlangt also nicht nur Glaube an sich selbst, sondern auch Mut – vom Glück ganz zu schweigen.

Wenn das keine zeitlose Wahrheit ist! Und dann stammt sie auch noch aus der Feder eines Franzosen! Aber damit enden auch schon die Übereinstimmungen zwischen dem Roman und einem nicht unbekannten französischen Fußballer der Gegenwart, zumal die Hauptfigur in Flauberts Werk in Vermögenslosigkeit fällt. Was der Romancier natürlich im Auge hatte, war ein Mensch, der sich seines Glückes bewusst ist, der in dem dankbaren Gefühl lebt, dass das Schicksal ihm auch ein schlimmes Los hätte bescheren können. Wohl dem, der weiß, dass wir der Gnade bedürfen.

Autor

Glück
Gnade

»Das muß ein weiser Vater sein, der sein Kind kennt.«

Henry Fielding (1707–1754)
in »Tom Jones«.

Muss man, wie Henry Fielding, Vater mehrerer Kinder, muss man, wie er, schelmischer Romanautor, Theaterdirektor, Jurist und Satiriker sein, um eine solche Feststellung treffen zu können? Wohl nicht. So gut man seine Kinder auch kennt, so vertraut man mit ihnen ist, ein gewisses Rätsel bleiben sie dennoch. Aber ist das überraschend? Jeden Menschen umhüllt doch ein Geheimnis. Eine geniale, den Reiz des Daseins ausmachende Einrichtung der Schöpfung! Man stelle sich vor, es läge immer alles offen. Das wäre eine andere Welt.

Vater
Kinder

»Manchmal denke ich, dass aus Gedankenlosigkeit mehr Grausamkeit hervorgeht als aus jeder anderen Schwäche des Menschen.«

Peter Bieri alias Pascal Mercier
(1944–2023)
in »Nachtzug nach Lissabon«

Gedankenlosigkeit: ein wunderbares deutsches Wort. Es trifft genau das, worum es geht: das Fehlen eines Gedankens, das heißt angemessenen Gedankens. Man redet vorschnell etwas dahin, ohne den anderen, seine Person oder Situation im Blick zu haben. Anstatt sich feinfühlig in seine Lage zu versetzen und die richtigen Worte zu wählen oder auch lieber zu schweigen, haut man, oft noch witzig oder ironisch gemeint, irgendwelche unpassenden Bemerkungen hinaus. Wie schnell kommt es da zu Verletzungen, die häufig lange nicht heilen, manchmal nie.

Gedankenlosigkeit

*»Oh, wieviel Vorsorge
verlangt der Tod!«*

Thomas Mann (1875–1955)
in »Joseph und seine Brüder«

*»Bei die Deitschen
ist alles Organisation.«*

Bertolt Brecht (1898–1956)
in »Schweyk im Zweiten Weltkrieg«

Neben dem Bemühen um die richtige Einstellung zum eigenen Ende geht es darum, geordnete Verhältnisse zu hinterlassen. Zum einen familiär: Konflikte sollten ausgeräumt, Fehler möglichst verziehen sein. Sodann ist es eine Frage von Verantwortung, ja auch von Liebe zu den Seinen, beizeiten die Vermögensnachfolge klar, gerecht und friedenstiftend zu regeln, und zwar mit einem durchdachten Testament, wobei fachliche Beratung durch einen Spezialisten unverzichtbar ist. Das Motto »Nach mir die Sintflut!« ist ein Ausdruck von Unkultur. Es bedeutet nämlich nichts anderes, als dass es einem egal ist, ob die Erben das vom Verstorbenen sauer verdiente Vermögen in gerichtlichen Streitereien vernichten oder nicht mehr miteinander reden.

So sieht man uns wohl in der Welt. Wollen wir das beklagen oder doch entspannt akzeptieren? Es stimmt natürlich: Wir geben allem Struktur, durch unzählige Gesetze, Verordnungen, Erlasse und Richtlinien, durch ausgeklügelte Hierarchien, Organigramme und schrankenloses Formularwesen. Deutschland und Bürokratie: zwei Begriffe, die zusammengehören. Aber seien wir nicht ungerecht. Unsere Organisations- und Planungsmentalität wird von vielen durchaus auch bewundert. So mancher Staat schaut voller Neid, wie die Dinge bei uns funktionieren. Dennoch: Mögen wir auch beim Thema Organisation das rechte Maß wahren. Etwas mehr Improvisation und Spontaneität täten uns gut.

Tod

Bürokratie
Organisation

»Bücher, Wirklichkeit und Kunst sind für mich ein und dasselbe.«

Vincent van Gogh (1853–1890)
in »Feuer der Seele«

»Denn immer macht des Glückes Rad die Runde.«

Ariost alias Ludovico Ariosto (1474–1533)
in »Der rasende Roland«

Es geht um die Frage, was ist Realität und was nur Phantasie. Über den Begriff »Wirklichkeit« wird man sich, wenn man es nicht zu genau nimmt, schnell einigen können. Es ist das, was wir sehen und hören, das, was uns umgibt, was wir tagaus, tagein erleben. Aber Bücher? Der Inhalt eines Buchs ist Wirklichkeit? O ja! Warum kann es unser Leben verändern, warum bekommen wir kalte Füße, wenn es spannend wird, wie im Theater oder Kino? Und auch die Landschaft auf einem Bild soll wirklich sein? In der Tat. Van Gogh hatte wie jeder andere große Künstler nicht das Gefühl, nur ein bloßes Phantasieprodukt zu malen, sondern er wollte einen bestimmten Aspekt der Wirklichkeit auf die Leinwand bannen, der nur mit den Mitteln der Kunst darstellbar ist. Der aufmerksame Betrachter erkennt ihn.

Bücher

Das Jahr klingt aus. Und hat es nicht die Weisheit des italienischen Humanisten Ariost wieder einmal bestätigt? Man kann den Tisch Silvester mit noch so viel Hufeisen, Schornsteinfegern und Marienkäfern dekorieren: Auch das kommende Jahr wird uns wieder ein ständiges Auf und Ab bescheren. Ein ewiger Kreislauf von Erfreulichem und Unerfreulichem. Niemand bleibt immer oben, und selbst in traurigster Lage zeigt sich in aller Regel doch wieder ein Silberstreif am Horizont. So lebt der klug, der beides richtig einzuordnen weiß: das Gute demütig und dankbar, das Schlechte mit Hoffnung auf Besserung. Denn immer macht des Glückes Rad die Runde.

Glück

»Es ist den Leuten gewiss nicht leicht beizubringen, dass das Gute um seiner selbst willen erstrebenswert ist.«

Marcus Tullius Cicero (106–43 v. Chr.)
in »Briefe an seine Freunde«

»Nichts ist dem Geist erreichbarer als das Unendliche.«

Friedrich von Hardenberg alias Novalis (1772–1801)
in »Persönliche Fragmente«

Diese Maxime – eine der Säulen des Christentums. Und doch hat Cicero, der römische Politiker, Anwalt und Philosoph, diese Erkenntnis schon vor Christi Geburt niedergeschrieben. Was ist gemeint? Gutes tun: selbstverständlich! Aber die Schwierigkeit steckt in der Motivation. Gutes tun mit Blick auf Belohnung, Anerkennung, Prestige: Das genau genügt Cicero und dem Christentum nicht. Hilfe leisten, weil sie benötigt wird, Spenden, weil dringender Bedarf besteht. Darum geht es. Also das Gute tun »um seiner selbst willen«, wie Cicero es ausdrückt. Da erst zeigt sich edle Gesinnung.

Das Gute

Wer stolpert zunächst nicht über diesen Satz? Ausgerechnet das Unendliche soll für uns das Allerfassbarste sein? Doch denken wir einmal nach. Verfügen wir nicht gerade in der Weihnachtszeit über eine seelische Gestimmtheit, die uns erahnen, vielleicht sogar begreifen lässt, was der Dichter der Romantik hier meint? Wie oft bewegen wir uns auf schwankendem Grund, wissen die Situation nicht richtig einzuschätzen, wissen nicht, welchen Weg wir einschlagen sollen, oder können wahr und unwahr nicht unterscheiden! Doch wenn wir uns dem Unendlichen, also dem Göttlichen zuwenden, fühlen wir uns plötzlich dieser absoluten Kraft ganz sicher, fühlen uns stark und behütet. Das Aufgehobensein im Transzendenten bietet uns dann einen festeren Grund als alle Unsicherheiten des Alltags.

Das Unendliche

»Wir haben alle eine Welt in uns, jeder seine eigene.«

Luigi Pirandello (1867–1936)
in »Sechs Personen suchen einen Autor«

»Er war nur so allein wie ein Mann, der einen andern Glauben hatte.«

Ernst Wiechert (1887–1950)
in »Die Jeromin-Kinder«

Wie oft kommt es doch vor, dass wir den anderen einfach nicht begreifen, sei es wegen seiner Meinungen, seiner Ausdrucksweise oder insgesamt wegen seines Stils. Aber die Erklärung hierfür liegt auf der Hand, und der italienische Dramatiker Luigi Pirandello liefert sie uns. Jeder Mensch hat sein ganz eigenes Wesen und seine unverwechselbare Geschichte. Das betrifft die genetische Disposition, Herkunft, Sprache, nationale Kultur, Eltern, Lehrer und all die anderen Menschen, auf die er in seinem Leben traf, sein Beruf, seine Interessen, seine Gesundheit, seine Reisen und unzähligen sonstigen Erlebnisse. Bei solcher Vielfalt individueller Weltsichten darf man sich wundern, dass es der Gemeinschaft im Großen und Ganzen gelingt, ein funktionierendes Miteinander zu organisieren.

Mensch

Da wird jemand mit einem Mann verglichen, der anders glaubt. Vielleicht besitzt er festere Überzeugungen als seine Mitmenschen. Sein Glaube mag ihm auch Stärke verleihen, er mag sich sogar in einer herausgehobenen Beziehung zum Göttlichen wähnen. Doch muss er damit leben, in der irdischen Gemeinschaft, so noch stabile Strukturen herrschen, als Sonderling zu gelten. Denn diese Gemeinschaft verfügt mit ihrem Glauben über ein einigendes Band. Einer bestärkt den anderen, und jeder identifiziert sich mit dem Ganzen. Heilige Feste sind daher in fast allen Religionen Gemeinschaftserlebnisse, bei denen der Abweichler in der Tat sehr einsam sein kann.

Glaube
Religion

»Gesellschaft blendet im ersten Augenblick.«

Thomas Mann (1875–1955)
in »Unordnung und frühes Leid«

»Man darf nie vergessen, wer man ist.«

Anton Tschechow (1860–1904)
in »Der Kirschgarten«

Diese Erfahrung macht ein jeder. Man kommt in einen Kreis von Unbekannten und glaubt, auf eine intakte, harmonische, vielleicht sogar verschworene Gemeinschaft zu treffen. Nach und nach macht man jedoch seine Entdeckungen. Da finden sich neben Freundschaft und Zusammenhalt auch Inkompetenz, Eifersucht, Eitelkeit, Hader und Zwietracht. Eine sehr menschliche Gemeinschaft eben. Nun ist Klugheit gefragt. Man nähere sich feinfühlig und leise seinen Beitrag zu einem Geist gepflegter Kultur.

Gesellschaft

Das klingt so einfach! Doch Tschechow wusste, warum er an diese Weisheit erinnerte. Die Gefahr, sich selbst aus dem Blick zu verlieren, lauert immer. In welcher Position befindet man sich? Welche Kompetenzen, welche Rechte sind damit verbunden? Welche Talente besitzt man, welche nicht? Zu welchen Menschen, zu welchen Kreisen gehört man, zu welchen nicht? Was hat man gelernt? Worin ist man sachverständig, und auf welchen Feldern sollte man sich lieber zurückhalten? Das Maß, wie sehr man alles dies verinnerlicht, entscheidet mit über Anerkennung und Erfolg.

Mensch

»Jedes Ding hat drei Seiten: eine positive, eine negative und eine komische.«

Karl Valentin (1882–1948)

»Frei von Strafe sind Raben, verurteilt jedoch werden Tauben.«

Juvenal (ca. 60 bis 130 n. Chr.) in »Satiren«

Man muss sie nur erkennen. Bedingung dafür ist der Humor. Dieser wiederum verschafft dem Menschen jene Gelassenheit, die er für Daseinsbewältigung, Optimismus und Lebensfreude bedarf. So viel Witz steckt oft unter der Oberfläche! Wer sich den Sinn dafür bewahrt und nicht immer alles ernst nimmt, vor allem nicht sich selbst, wird das Lachen und Lächeln nicht verlernen.

Sichtweisen
Humor

Rund 2000 Jahre sind vergangen, seit der römische Satirendichter dies schrieb. Es gehört nicht viel Phantasie dazu, diese Weisheit auf unsere Gegenwart zu übertragen. Schnell kommen einem Diktaturen, die Mafia oder Wirtschaftskriminelle in den Sinn. Das Unrecht wird clever organisiert: Die unteren Ebenen führen die Pläne aus, man selbst beschmutzt sich nicht die Hände. Staatsanwaltschaft, Polizei und andere Verfolgungsbehörden sind nicht zu beneiden, hier ermitteln zu müssen. Doch der Aufwand lohnt. Der Sumpf ist erst trockengelegt, wenn man auch die Raben dingfest gemacht hat.

Strafe

> *»Es ist eine Eigenheit der Deutschen, dass sie über allem schwer werden und alles über ihnen schwer.«*
>
> Franz Grillparzer (1791–1872)
> in »Kunstlehre«

Da werden wir dem großen österreichischen Schriftsteller nicht widersprechen können. Schnell wird bei uns alles zur Philosophie, Ideologie und Dogmatik. Die Geschichte zeigt es: Uns fehlt das rechte Maß. Das birgt die Gefahr intoleranter Schwärmerei und des Umkippens ins Radikale, nach allen Seiten, eben weil man sich immer im Besitz absoluter Wahrheit glaubt. Freilich beschert unsere Strenge andererseits Erfolge und dient in der Welt oft als Vorbild. Aber etwas mehr Lockerheit täte uns gut.

Deutsches Wesen

»Bei allen Übeln muß man auch das Gute bedenken, das in ihnen steckt, und das Ärgere, das hätte eintreten können.«

Daniel Defoe (1660–1731)
in »Robinson Crusoe«

Das zu begreifen, ist nicht immer einfach, gerade wenn einen das Übel aktuell so beherrscht. Es bedarf also der Kraft, über der Situation zu stehen und darüber zu sinnieren, welchen Vorteil die missliche Lage bergen könnte. Und ein wenig Lebenserfahrung hilft auch, denn wer kann nicht auf Tiefpunkte zurückblicken, die man am Ende doch hinter sich lassen konnte? Ja, manchmal bedurfte es gerade dieser Talsohle, damit sich dann Gutes bilden konnte. Häufiger, als man zunächst denkt, besteht also Grund genug zur Zuversicht.

Übel
Das Gute

»Wer Höheres neidet, der sinkt.«

Pindar (517–438 v. Chr.)

Der Neid hat viele Quellen: Egoismus, Ehrgeiz, Gerechtigkeitssinn. Von konstruktivem Neid spricht man, wenn man das auch haben möchte, was der andere hat, mag er es auch verdient haben. Von destruktivem, wenn man dem anderen wünscht, er möge es verlieren. Letzteres berührt sich mit den Gefühlslagen wie Missgunst und Schadenfreude. Warum sind solche Gefühle so schwer zu besiegen? Weil sie in tiefster Seele wurzeln, als Ausdruck mangelnden Selbstwertgefühls. Hebt sich dieses, verblasst auch der Neid.

Neid

»Jeder Mensch hat seine eigene Sprache. Sprache ist Ausdruck des Geistes.«

Friedrich von Hardenberg alias Novalis (1772–1801)

»Vierzig Jahre unter den Menschen haben mich ständig gelehrt, dass sie der Vernunft nicht zugänglich sind.«

Bertolt Brecht (1898–1956) in »Leben des Galilei«

Eine wunderbare Erkenntnis! Alle Menschen unterscheiden sich voneinander in Vokabular, Satzbau, Klang, Sprachmelodie, Tonhöhe, Akzent, Lautstärke, Tempo oder Betonung. Und warum ist das so wunderbar? Es ist Ausdruck der Persönlichkeit, der Individualität und Unverwechselbarkeit. Man hat daher keinen Grund, sich unnötig kleinzureden. Nach höherem Willen wurde jeder Mensch nur einmal geschaffen. Es würde ein Hauch von Undank dem Schöpfer gegenüber darin liegen, die eigene Einzigartigkeit zu leugnen.

Sprache
Geist

Dieser Satz: eine Provokation? Gilt doch der Mensch als Vernunftwesen schlechthin. Er analysiert, kombiniert, plant, konstruiert, also er denkt, und deshalb sagt Galilei zu seinem Freund Sagredo: »Das Denken gehört zu den größten Vergnügungen der menschlichen Rasse.« Und doch widerspricht Sagredo mit obigem Eingangszitat. Was könnte er gemeint haben? Dass viele Menschen einfach nicht zur Vernunft kommen, dass der Mensch irrt, solang er strebt, wie Gott im »Faust« verkündet? Dennoch: Die Menschen werden natürlich weiter denken, jedoch hoffentlich wissend, dass sie irren können, vor allem aber im Bewusstsein, dass ihnen bei aller Vernunft letzte, absolute Wahrheiten verschlossen sind.

Unvernunft

*»Doch keine Macht
ist von Dauer.«*

Ovid (43 v. Chr.–17 n. Chr.)
in »Metamorphosen«

Macht ist also etwas Zeitliches, sei sie staatlich legitimiert oder – wie in den meisten Despotien – illegal errungen. Erhellend sind die beiden indogermanischen Wurzeln des Begriffs »Macht«: »magh«-das bedeutet kneten, formen, bilden. Oder »magh« – das steht für können, vermögen. Die Fähigkeit, andere zu beherrschen, ist für einen funktionierenden Staat unverzichtbar, in einer Diktatur der Willkür dagegen wirkt sie verheerend. Irgendwann beginnt immer ein Zersetzungsprozess, von innen oder außen, über kurz oder lang. Erkennbare oder geheime Kräfte streben nach Neuem. Manchmal auch das simple »Es reicht!« Nicht nur in der Politik.

Macht

*»Eine neue Zeit war angebrochen,
und jeder fürchtete,
als rückständig zu gelten,
wenn er die alte Schönheit
der neuen Häßlichkeit vorzog.«*

Ludwig Thoma (1867–1921)
in der Novelle »Der umgewendete Dichter«

Die Zeiten, in denen das Schöne als unanfechtbares Ideal galt, sind Vergangenheit: in der Musik, in der Literatur, in der bildenden Kunst. Ein herber Verlust! Und arm dran, wer (wie es der Philosoph Theodor W. Adorno tat) sich bemüßigt fühlt, das Schöne zur Lüge zu erklären. Denn als Erhabenes ergötzt es die Sinne, erhellt den Geist und weckt edles Empfinden. Warum dies so ist? Das Schöne entspringt göttlicher Quelle.

Zeitenwende

**»Wie das Glück auch gedeiht,
nie zu sättgen vermag's
der Sterblichen Sinn.«**

Aischylos (525–456 v.Chr.)
in »Die Orestie«

**»Dankbarkeit ziemt einem Mann
für empfangene gute Taten.«**

Pedro Calderón de la Barca (1600–1681)
in »Das Leben ist ein Traum«

Zählt dies nicht zum Schwierigsten überhaupt? Metron ariston, so schon der griechische Weise Kleobulus von Rhodos. Die Lateiner sprachen vom modus optimus, also das rechte Maß. Keine Übertreibung, keine Untertreibung – in allem. In der Arbeit, im Müßiggang, im Essen, Trinken, Fasten, Schlafen, Reden, Schweigen, Trainieren, im Heldentum, im Jammern. Ach, so vieles mehr kommt einem in den Sinn. Es horche ein jeder in sich hinein, ob man nicht hier und da die Grenzen bereits überschritten hat. Vielleicht hilft es.

Glück
rechtes Maß

Nicht minder ziemt es Frauen, und schon Kinder sollte man Dankbarkeit lehren. Dabei geht es nicht um ein bloß äußeres, dem Geber geschuldetes Zeichen von Stil und Kultur. Es ist ein Gefühl, das Menschen verbindet, einander näherbringt, ein Ausdruck zwischenmenschlicher Wärme. Dankbarkeit kann aber auch als Grundstimmung, die in der Tiefe des Herzens wohnt, erfahren werden: die Dankbarkeit gegenüber dem Schöpfer dafür, dass man überhaupt lebt.

Dankbarkeit

»Die Kunst kann niemand fördern als der Meister. Gönner fördern den Künstler, das ist recht und gut; aber dadurch wird nicht immer die Kunst gefördert.«

Johann Wolfgang von Goethe (1749–1832) in »Maximen und Reflexionen«

»Im Bereich der Kunst gibt es viele Dinge, von denen der Verstand nichts weiß.«

Maurice de Vlaminck (1876–1958) in »Gefährliche Wende«

Ist das wirklich eine zeitlose Wahrheit? Werden heute nicht zum Wohle der Kunst ungeheure Summen investiert? Man denke etwa an die zahllosen Fördervereine und Freundeskreise der Museen und Festivals. Und man denke an die teilweise unfassbaren Preise, die heute für Bilder gezahlt werden. Und doch hat Goethe recht. Es ist meistens nicht die Kunst selbst, die von alledem profitiert, jedenfalls nicht ihre Qualität. Substanz, also geistiger Inhalt und überzeitliches Gewicht: Das liefert in der Tat nur der Meister.

Der bedeutende französische fauvistische Maler wusste, wovon er sprach. Kunsttheorien waren ihm fremd. Leere Rezepte, unbrauchbare Formeln seien sie, die nur dazu verführten, bei anderen Anleihen zu machen, zu kopieren. Deshalb mied er auch, von Ausnahmen abgesehen, den Kontakt mit anderen Künstlern, machte meistens einen Bogen um Museen. »Ich wollte nicht wissen, was in der Welt der Malerei vor sich ging«, schrieb er. Jeder müsse alles neu erschaffen, müsse seinen Instinkten folgen, also einzig auf sich allein rechnen. Und in der Tat: So dachten viele große Meister.

Kunst

Malerei

»Es ist eine Regel der Klugen, die Dinge zu verlassen, ehe sie uns verlassen.«

Baltasar Gracián (1601–1658)
in »Handorakel und Kunst der Weltklugheit«

»Das Schwierige im Leben besteht darin, lange Zeit ununterbrochen dieselbe Sache ernst zu nehmen.«

André Gide (1869–1951)
in »Die Falschmünzer«

Bis heute fällt es vielen schwer, diese Weisheit des bedeutenden Schriftstellers der klassischen spanischen Literatur zu beherzigen. Man denke nur an Unternehmer, Vereinspräsidenten oder Politiker. Dem zugegeben schwierigen Spannungsverhältnis von Festhalten und Loslassen ist so mancher nicht gewachsen. Ruhm, Macht, Stolz: Die Sorge, ohne sie nicht mehr Erfüllung zu spüren, trübt den Sinn für den richtigen Zeitpunkt des Rückzugs. Und eines Tages erscheint dieser bis dahin geachtete Mensch in einem anderen Licht. Sein Stern sinkt, das Heft des Handelns hat er nicht mehr in der Hand. Was er selbst hätte klug bewirken können, das fordern nun die anderen.

Loslassen

Warum hat dieser Erfolg, jener nicht? Natürlich sind Talent, Glück, nicht selten auch gute Beziehungen wichtige Faktoren. Aber es kommt etwas Entscheidendes hinzu: Stehvermögen. Wie viele hoffnungsvolle Begabungen versiegen, weil es an Ausdauer fehlt! Das gilt im Sport, in der Musik, in allen Berufen. Ja, es gilt auch für die Beziehungen zwischen Menschen. Vorübergehendes Interesse für eine Aufgabe, sogar Leidenschaft: Das reicht nicht. Jeder, der etwas Besonderes vollbringen möchte, muss sich auf einen langen, steinigen Weg einrichten.

Ernsthaftigkeit
Ausdauer

»Solche Volksmengen an Festtagen sind für den Sinnenfreudigen ebenso kostbar wie für den Archäologen die aufgewühlte Erde, aus der eine Ausgrabungsaktion antike Medaillen fördert.«

Marcel Proust (1871–1922)
in »Auf der Suche
nach der verlorenen Zeit«

»Man lebt nicht, wenn man nicht für etwas lebt.«

Robert Walser (1878–1956)
in »Fritz Kochers Aufsätze«

Der Autor will damit sagen, wie wichtig bei Festtagen die Rolle der Tradition ist. Das gilt für Weihnachten, Ostern, es gilt aber auch für die Wiesn. Die Sinnenfreudigen, die auf der Theresienwiese ausgelassen feiern, sehen sich in einer langen Kette von Generationen, die durch ein solches, immer wiederkehrendes Ereignis miteinander verknüpft werden. Das schafft Identität und Gemeinschaftsgefühl. Es geht bei solchen Festen also nicht nur um das Vergnügen an sich – sie haben auch eine höhere Funktion.

Volksfeste

Dem Leben einen Inhalt geben. Darum geht es. Das beflügelt, das beglückt. Drum suche ein jeder, so er noch kann, nach Zielen, die seinem Wesen, seinen Talenten entsprechen. Einer Aufgabe bedarf es: Sie motiviert, setzt Kräfte frei. Doch muss es wahrlich nichts Großes sein. Auch die kleinen Dinge sind's oft, die Erfüllung schaffen: ein Buch, um etwas mehr von der Welt zu erfahren, oder auch eine hilfreiche Tat oder ein aufmunterndes Wort für einen anderen, der sich in Not befindet. Und schon erfährt unser Leben einen tieferen Sinn.

Lebenssinn

»Und in dem Heute wandelt schon das Morgen.«

Friedrich von Schiller (1759–1805)
in »Wallensteins Tod«

»Lerne, dass auch wenige zuweilen wissen, wo die Vielen irren.«

John Milton (1608–1674)
in »Das verlorene Paradies«

Dies sind Feststellung und Appell zugleich. Sei es die Große Politik, sei es das Leben des Einzelnen: Das Morgen ist die Frucht des Heute. Kein Tag, keine Zeit steht isoliert für sich, jeder Moment ist mit dem geschichtlichen Zusammenhang verknüpft. Verantwortliches Handeln heißt daher, die Folgen zu bedenken und Emotionen zu beherrschen, im Großen wie im Kleinen. Misst man daran so manches, was heute geschieht, ist ein besorgter Blick in die Zukunft nicht unangemessen.

Zukunft

In der Tat bietet die Mehrheitsmeinung keinerlei Gewähr für Wahrheit und Vernunft. Wie ein Virus breiten sich Ansichten und Stimmungen oft aus. Vieles wird unkritisch übernommen, gründliches Nachdenken findet eher nicht statt. Man fühlt sich auch stark, eins zu sein mit der großen Menge. Hier setzen Ideologen an. Sie wollen Strömungen erzeugen, um sie dann zu nutzen. Auch unsere Gegenwart legt hierfür vielfältig Zeugnis ab. Umso mehr ist jeder aufgerufen, stets eigenständig zu überlegen, wo unser Zug vielleicht nicht in die richtige Richtung fährt.

Wissen

»Jetzt bin ich ganz glücklich. Vor allem weiß ich, was Gewissen ist. Es ist das Göttliche in uns.«

Oscar Wilde (1854–1900)
in »Das Bildnis des Dorian Gray«

»Auf den Bergen ist die Freiheit.«

Friedrich von Schiller (1759–1805)
in »Die Braut von Messina«

In der Tat, was sonst? Es ist eine Stimme, die sich ganz unabhängig von unserem Willen meldet. Ungerufen. Sie wacht über uns, mahnt und rügt. Oft rettet sie. Arm dran ist der Gewissenlose, denn er tut, was ihm gefällt, ohne Kontrolle einer höheren Instanz. Und so wird auch offenbar, was es bedeutet, wenn jemand seinen Amtseid ohne die religiöse Beteuerung »So wahr mir Gott helfe« leistet. Er erklärt sich selbst zum höchsten Maßstab. Da ist manchem Bürger zu Recht nicht ganz wohl.

September: Jetzt beginnt wieder die schönste Zeit für Bergsteiger und Bergwanderer. Es ist der Blick von oben auf die Welt, der dieses Gefühl von Unabhängigkeit verschafft. Fern vom Lärm der Straßenschluchten, fern vom Alltagsstress. Dies sind Momente der Entspannung, in denen der Mensch seinem Pflichtengeflecht entkommt, nur noch den Himmel über sich und eins mit der Natur. Da weitet sich die Brust, und man erfährt, was es heißt, glücklich zu sein.

Gott
Gewissen

Berge
Freiheit

»Die Frechheit dieser Zeit durchbricht alle Dämme.«

Thomas Mann (1875–1955)

in »Gladius Dei«

»Aber es geht nicht mit der Musik wie mit der Algebra oder Geometrie.«

Denis Diderot (1713–1784)

in »Rameaus Neffe«

Die Klage Thomas Manns stammt aus dem Jahr 1902. Ist aber unsere Gegenwart frei von solchem Vorwurf? Mitnichten! Die heute oft zitierten Begriffe sprechen für sich: Ellbogengesellschaft, Kälte, Egoismus. Und in der Tat: Man denke nur an die zunehmenden Frechheiten im Straßenverkehr, an den unhöflichen Umgangston, den viele pflegen, beispielsweise auch an den ebenso verbreiteten wie gewissenlosen Versicherungsbetrug oder skrupellose Falschaussagen vor Gericht, an verletzendes Kabarett oder den ätzenden Humor sogenannter Comédians. Etwas mehr Respekt, Stil und Niveau täten uns gut.

Diderot meint den Unterschied zwischen guten und schlechten Musikern. Musik als göttliche Offenbarung verträgt sich nicht mit penibler Regelhaftigkeit. Spontane Intuition und Inspiration sind für den Ausdruck des tief empfindenden Musikers wesentlich. Sein Atem, seine Schwingungen von Körper und Seele sollen sich auf die Zuhörer übertragen. Das ist für die Größe des Augenblicks wichtiger als das pedantische Kleben an Notenwerten und Takt.

Musik

Frechheit

*»In späteren Jahren geschah
es mir zuweilen nachts,
dass ich aufwachte,
und die Sterne
standen so wirklich da
und gingen so bedeutend vor,
und ich konnte nicht begreifen,
wie man es über sich brachte,
so viel Welt zu versäumen.«*

Rainer Maria Rilke (1875–1926)
in »Malte Laurids Brigge«

Was tut der heute so getriebene Mensch nicht alles, um sein Glück zu finden! Dabei bietet sich ihm so Vieles, was seine Seele wirklich beruhigen würde: die Natur, der gestirnte Himmel. Alles dies ist ein göttlich Geschaffenes, ein lebendiges Ganzes. Es spricht zu uns, wenn wir uns nicht nur flüchtig darauf einlassen, es hebt uns hinan.

Nacht
Sterne
Glück

»*All die Süddeutschen sind überhaupt viel netter als wir, und die nettesten sind die Bayern.*«

Theodor Fontane (1819–1898)

Wird da nicht vielen Lesern warm ums Herz? Und solch freundliches Wort auch noch aus dem Munde eines Brandenburgers, also eines Urpreußen! Dazu gilt Fontane als bedeutendster Vertreter des literarischen Realismus: Da schreibt man ganz sachlich, wie es wirklich ist. Mit der Natürlichkeit der Bayern meint Fontane ihre ausgeprägte Verwurzelung in Natur, Heimat und Tradition. Und wer über solch feste Lebensgrundlage verfügt, muss sich nicht verstellen.

Bayern

»*Ein Richter, der nicht strafen kann, gesellt sich endlich zum Verbrecher.*«

Johann Wolfgang von Goethe (1749–1832)
in »Faust«, Teil II

Zu milde sei unsere Strafjustiz. So die Klage vieler Menschen. Was ist denn der Zweck der Strafe? Darüber wird diskutiert und gestritten, solange es Strafe gibt. Heute wird der Besserung des Täters ein so hoher Rang eingeräumt wie nie zuvor, Spezialprävention genannt. Ein wichtiges Motiv, dem unser aller Interesse gelten muss. Nur darf dabei dreierlei nicht auf der Strecke bleiben: die Abschreckung, die Bewährung der Rechtsordnung und nicht zuletzt, was oft vernachlässigt wird, auch eine gewisse Genugtuung für die Bürger.

Richter

»Es ist etwas Heiliges und Unverletzliches in dem Verhältnis von Mensch und Tier.«

Gunnar Gunnarsson (1889–1975)
in »Advent im Hochgebirge«

»Wer steilen Berg erklimmt, hebt an mit ruh'gem Schritt!«

William Shakespeare (1564–1616)
in »König Heinrich VIII.«

Das wissen alle, die ein geliebtes Tier ihr Eigen nennen. Und wer könnte im Ernst behaupten, Tiere hätten keine Seele? Und doch besteht heute reichlich Anlass, an den wunderbaren Satz des isländischen Schriftstellers, der achtmal für den Literaturnobelpreis nominiert worden ist, zu erinnern. Das, was wir in der gegenwärtigen Massentierhaltung erleben, zählt zu den armseligsten Zeugnissen menschlichen Handelns. Der Humanität wird heute so viel Bedeutung zugemessen, in der Behandlung der Tiere jedoch zeigt sich der Mensch oft von seiner barbarischsten Seite.

Für erfahrene Bergsteiger eine Selbstverständlichkeit. Doch hat Shakespeare natürlich mehr im Sinn. Für alle Wege nach oben legt er uns Geduld, Ausdauer und das rechte Maß ans Herz. Ein weiser Rat! Es sind nicht wenige, die heute zu schnell zu viel erreichen wollen und dann immer wieder frustriert von einem Ziel zum nächsten jagen. Doch so können sich das nötige Wissen und eine ganzheitliche berufliche Erfahrung nicht bilden, zudem beschädigt der in dieser Weise Agierende seine Persönlichkeit und wird unglücklich. Ein langer Atem ist gefragt. Alles im Leben braucht seine Zeit der Reife.

Tiere

Ausdauer
Geduld

»Ich liebe Dich, weil das ganze Universum dazu beigetragen hat, dass ich zu Dir gelangte.«

Paulo Coelho, (geb. 1947)
in »Der Alchimist«

Ein liebender Übertreiber? Keineswegs! In der Tat bedurfte es für diese Liebe des Universums, der Schöpfung, der Erde mit allen ihren für Leben notwendigen Bedingungen. Und wie viele Wunder mussten geschehen, damit diese beiden Menschen überhaupt entstehen! Und dann mussten sie zur selben Zeit am selben Ort sein, um sich treffen zu können. Statistisch betrachtet nahezu eine Unmöglichkeit! Folglich ohne Eingreifen einer höheren Macht kaum vorstellbar. Und genau das hat Coelho gemeint.

Liebe

»So etwas kommt jetzt vor, sich nachträglich in Zielen zu beschränken, die ehrgeizige Erzeuger mit Kindern gewollt haben.«

Carl Sternheim (1878–1948)
in »Der entfesselte Zeitgenosse«

»Und wenn ich die Natur täuschend ähnlich nachbilde, dann habe ich, mit den alten Bildern verglichen, ein blasses, kleines Bildchen.«

Emil Nolde (1867–1956)
in »Mein Leben«

Anregungen liefern, Chancen bieten, Geduld, Disziplin, Pflichtgefühl und Zuverlässigkeit lehren, auf die Anforderungen des Lebens vorbereiten: Ja, das zählt zu den Aufgaben verantwortungsbewusster Eltern. Doch fehlt ihnen heute oft das rechte Maß. Schon den Jüngsten wird die Vision an die Wand gemalt, ein Albert Einstein, Roger Federer oder eine Anne-Sophie Mutter zu werden: zur Freude der Kinderpsychiater und -therapeuten.

Kindererziehung

Der große Maler will damit sagen: »Ich male keine Fotos.« Und doch ist es Wahrheit, die er auf die Leinwand bannt, nicht Willkür. Die Wirklichkeit – seien es Mensch, Natur oder ein Gegenstand – erscheint uns nämlich ganz unterschiedlich, je nachdem, welche Brille wir aufsetzen. Im Rahmen des Denk- und Erfahrungssystems der Kunst oder etwa des (antiken) Mythos werden uns ganz andere Aspekte des betreffenden Motivs gezeigt als durch die Brille der Wissenschaften, die in unserer Epoche dominierende Sichtweise. So individuell und überzeichnet eine Landschaft Noldes also auch sein mag, so ist die Darstellung doch von eigener, legitimer Rationalität. Es wird uns etwas vom wahren Wesen, von der Kraft dieser Landschaft vermittelt, das wir durch die alles analysierende, wissenschaftliche Brille nicht sehen könnten.

Malerei

*»Gar nicht krank
ist auch nicht gesund.«*

Karl Valentin (1882–1948)

Krankheit lehrt, die Gesundheit zu schätzen, führt in die eigene Seele und macht demütig, ein Gefühl, das in unser rationalen, wissenschaftlich-technischen Welt, in der das Göttliche mehr und mehr ausgeblendet wird, zunehmend schwindet. Reine Freude kennt nur, wer sich umgekehrt auch der Zerbrechlichkeit von allem bewusst ist. Wir sollten akzeptieren, dass des Glückes Rad immer die Runde macht, ein ebenso unabweisbares wie kluges Gesetz der Schöpfung.

*Krankheit
Gesundheit
Glück*

*»Ein halbes Dutzend guter
Freunde höchstens um einen
kleinen, runden Tisch, ein
Gläschen Tokaierwein, ein offenes
Herz dabei und ein vernünftiges
Gespräch – so lieb ich's!«*

Friedrich von Schiller (1759–1905)
in »Wallenstein«

Was den guten Bekannten vom Freund unterscheidet, ist die Seelenverwandtschaft zu Letzterem. Freundschaft ist eine Herzensangelegenheit, ein Geschenk in kühler gewordener Zeit. Treue Helfer findet man immer wieder, aber wer ist wirklicher Freund? Es ist der, der mich edle Gesinnung lehrt und mit dem ich nicht nur das Vergnügen teile, sondern dessen Leben das meinige durchdringt, wie auch umgekehrt.

*Freunde
Gespräch*

»Kann die Vernachlässigung der griechischen und römischen Quellen ohne schädlichen Einfluss auf den Geschmack der ganzen Nation bleiben? Nein!«

Johann Gottfried Herder (1744–1803)
in »Von deutscher Art und Kunst«

Wird heute über die Grundpfeiler unseres Staates genügend nachgedacht? Ein Blick auf die antike Staatsphilosophie würde lohnen. Sie zeigt uns zeitlose Phänomene in klaren Formen. So präsentiert sich bei Plato das Gute als Wurzel der Idee der Gerechtigkeit. Für Aristoteles ist der von Natur gegebene Staat Voraussetzung für die Schaffung von Recht, Sitte und Brauch, sowie für die Vollendung des Menschen. Beide, Platon und Aristoteles, sind ohne Bezug zum Göttlichen nicht denkbar. Auch für Cicero sind Recht und Gerechtigkeit Geschenke der Gottheit. Demzufolge sieht sich das Volk, eine durch die Geschichte definierte, kulturell zusammengehörige Schicksalsgemeinschaft, verpflichtet, die göttliche Gerechtigkeit zu verwirklichen, eine Gerechtigkeit, die auf die Freiheit der Bürger zielt. Anders der altgriechische Historiker Polybios. Für ihn dient die Bildung eines Staates dem Ende von Fehden. Befreiung von Furcht – darum geht es, das Göttliche tritt in den Hintergrund. Entspricht das nicht unserer heutigen Sicht? Halt! Unser Grundgesetz beginnt mit den Worten »Im Bewusstsein seiner Verantwortung vor Gott …«

Staat

Antike

»Und alt werden ... angenehm ist das nicht, aber es ist interessant.«

August Strindberg (1849–1912)
in »Totentanz«

»Der wahre Leser muss der erweiterte Autor sein.«

Friedrich von Hardenberg alias Novalis
(1772–1801)
in »Blütenstaub-Fragmente«

Eine überraschende Aussage? Oh nein! Der alte Mensch überblickt einen langen Zeitraum, sieht die Gegenwart nicht isoliert, sondern immer als Frucht vergangenen Geschehens. Und da er schon so vieles, auch unvorhergesehene Wendungen, erlebt hat, ist ihm, sei er sich dessen bewusst oder nicht, ein Geschichtsbewusstsein erwachsen, das die Jugend noch nicht haben kann. So betrachtet er die weitere Entwicklung mit Spannung, sowohl die in der großen wie auch in seiner kleinen privaten Welt. Durch Erfahrung gespeist, nimmt er das Ganze als einen fortwährenden Prozess wahr, eine Sichtweise, die eben nur möglich ist, wenn der Blick auch weit nach hinten gerichtet ist.

Alter

Für Novalis selbst galt das uneingeschränkt. Er war, wenn er las, immer ein Notierer, ein Sammler, als Leser dem Autor nicht passiv untergeordnet. Der Leser führt weiter, was der Autor begonnen hat, ja, auch der Autor ist, wenn er einen Text schreibt, nur ein Fortführer vorgefundenen Gedankenmaterials. So bildet sich eine endlose Reihe ständigen Wandels, die den Fortschritt der Kultur garantiert. Das gilt bis heute, ja besonders heute, wo das Kopieren, Montieren, Zitieren und Covern (aktualisierende Interpretation eines bereits vorhandenen Werks) an der Tagesordnung ist.

Leser
Autor

»Himmel, wie unabsehbar
sind die Vorteile einer
schönen Musik!«

E.T.A. Hoffmann (1776–1822)
in »Kreisleriana«

»Ach, Ruhe, Ruhe war es ja, was
er wollte! Aber nicht die Ruhe
im leeren und tauben Nichts,
sondern ein sanftbesonnter
Friede, erfüllt von guten,
stillen Gedanken.«

Thomas Mann (1875–1955)
in »Der kleine Herr Friedemann«

Wir wissen, was mit »schön« gemeint ist, obwohl das eigentlich ein Begriff der bildenden Kunst, der Ästhetik, ist. Weniger »schöne« Musik mag für Zerrissenheit, Chaos oder Missstände aller Arten stehen, kann aber dennoch interessant oder gar faszinierend sein. Doch an solche Musik dachte E.T. A. Hoffmann nicht. »Schöne« Musik in seinem Sinne, die sich auf wohltuende Harmonien und geordnete Form gründet, löst beglückende Empfindungen aus, entspannt, liefert Seelenfrieden, geht zu Herzen. Vor allem hebt sie uns hinan, weil sich in ihr – wie in der Natur und in der Liebe – das Göttliche offenbart.

Geht es dem Leser nicht auch so: Allein die Lektüre dieser Zeilen ist Wellness, denn schon der Gedanke an solch friedvollen Genuss schafft ein wenig Entspannung. Und wer hätte in unserer lauten, hektischen und die Nerven oft strapazierenden Zeit nicht Sehnsucht nach etwas Balsam für die Seele?

Ruhe
Entspannung

Musik

»Er sah den Engländer mit seinem Laboratorium und den Kameltreiber, der ein Meister ist und es nicht weiß.«

Paulo Coelho (geb. 1947)
in »Der Alchimist«

»Die Gelassenheit ist eine anmutige Form des Selbstbewusstseins.«

Marie von Ebner-Eschenbach
(1830–1916)

Mit schlichter Einfachheit drückt Coelho hier eine tiefe Wahrheit aus. Der eine ist Wissenschaftler, weiß vieles und drängt nach immer weiterer Erkenntnis. Als ein ewig Getriebener muss er oft erfahren, auf schwankendem Grund zu wandeln, weil sich stets neue Horizonte eröffnen und der Forschergeist vom Hundertsten zum Tausendsten führt. Der Kameltreiber dagegen steht für einen Menschen, der seine kleine, abgeschlossene Welt sinnerfüllend beherrscht, ohne dass ihm gänzlich bewusst sein dürfte, wie fraglos und souverän er seine Aufgabe verrichtet.

Der Selbstbewusste besitzt die Voraussetzung, auch in prekären Situationen nicht die Fassung zu verlieren und die Lage unvoreingenommen zu beurteilen. Gelassenheit ist zum Teil angeboren, lässt sich aber auch trainieren: Sport, Meditation, ausreichend Schlaf, richtige Ernährung, Naturerleben, entspannende Musik. Zudem: Im Konfliktfall keine Angriffsfläche bieten und das eine oder andere auch mal eine Nacht überschlafen. Das wichtigste Geheimnis, Gelassenheit zu erwerben, liegt darin, sich nicht zu überfordern, also seine Grenzen zu kennen, vor allem aber die Aufgehobenheit im Göttlichen bewusst zu erleben.

Beruf
Forscher
Kameltreiber

Selbstbewusstsein
Gelassenheit

»Nicht liebt, wer nimmer offenbart die Liebe.«

William Shakespeare (1564–1616)
in »Die beiden Veroneser«

»Schreiben ist leicht. Man muss nur die falschen Wörter weglassen.«

Mark Twain (1835–1910)

»Liebst du mich eigentlich?«, fragt sie. »Das müsstest du doch wissen!«, antwortet er.
Offenbar weiß sie es nicht. Natürlich kann man den Dialog auch umkehren: Er fragt, sie antwortet. Wenn es an Zeichen der Liebe fehlt, wie soll sich der andere sicher sein? Skakespeare ist da ganz rigoros: Wo Liebe nicht mehr offenbart wird, herrscht nicht einmal mehr der Zweifel, sondern Shakespeare erklärt sie schlicht und ergreifend für tot. Solcher Widerhaken sitzt und gibt vielleicht manchem, der es sich in der Beziehung bequem gemacht hat, zu denken.

Das erinnert an Michelangelo, der sinngemäß einmal sagte: Die Pietà? Kein Problem! Sie war ja drin in dem Stein, ich habe sie nur rausgeholt! Twain meinte natürlich das Gegenteil. Schreiben – eine Fron. Bei jedem Satz sieht sich der Autor vor unendlichen Möglichkeiten. Und das gilt für jeden, der schreibt, vom Schüler beim Aufsatz bis zu den kompliziertesten Schriften, in welchem Lebensbereich auch immer. Hat der Autor seinen Text fertig, steht er eigentlich vor einem Rätsel. Warum hat er so geschrieben und nicht anders? Schreiben ist ein Mysterium, so wie Malen und Komponieren auch.

Liebe

Schriftsteller

»Die Frage heißt nicht: Können Tiere denken oder reden? Sondern: Können sie leiden?«

Jeremy Bentham (1748–1832)
in »Einführung in die Prinzipien der Moral und Gesetzgebung«

»Ja, herabgestiegen ist alles, und es steigt immer weiter nach unten. Das ist, was man neue Zeit nennt, immer weiter runter.«

Theodor Fontane (1819–1898)
in »Der Stechlin«

Die Frage nach der Leidensfähigkeit ist die nach der Existenz einer tierischen Seele. Wer Tiere auf Instinkte beschränkt, hat noch nie mit ihnen zusammengelebt oder ist selbst seelisch verkümmert. Wie differenziert ist doch der Ausdruck einer Katze, die wie kein anderes Tier Verachtung signalisieren kann. Und wer hat nicht schon einen Hund erlebt, der einer auf den Tisch gestellten Torte nicht widerstehen konnte: geradezu das »personifizierte« schlechte Gewissen. Oder denken wir an Odysseus' Hund Argos, der, als sein Herrchen nach 20 Jahren in die Heimat zurückkehrte, aus Wiedersehensfreude einen tödlichen Herzanfall erlitt. Tiere haben eine Seele. Mögen wir es nicht vergessen, bei der Tierhaltung, in Farmen, im Zoo, im Zirkus, ja überall.

Tiere

Worte des alten Majors von Stechlin, Ende des 19. Jahrhunderts, von Theodor Fontane in den Mund gelegt. Der Roman spiegele, so sagt man, die Melancholie einer Spätzeit wider. Doch merkwürdig: Denkt man da nicht auch an ein Signum unserer Gegenwart? »Herabgestiegen ist alles« – was kommt einem sofort in den Sinn? Die Qualität der Künste? Stil und Umgangsformen, wie etwa Höflichkeit? Edelmut? Güte und Großherzigkeit? Ehrlichkeit? Zuverlässigkeit? Duldsamkeit? Ganz allgemein die Bewahrung des rechten Maßes? Der alte Major würde staunen, wie sich in der Geschichte doch auch das Herabsteigen wiederholt.

Zeitgeist

»Das Wichtigste ist, dass Kinder Bücher lesen, dass ein Kind mit seinem Buch allein sein kann. Dagegen sind Film, Fernsehen und Video eine oberflächliche Erscheinung.«

Astrid Lindgren (1907–2002)

Das sagt jemand, der nun wirklich etwas von der Kinderseele versteht. 165 Millionen verkaufte und in 106 Sprachen übersetzte Bücher sprechen für sich. Filme und Fernsehen liefern dem Kind fertige Produkte. Seine Rolle ist eine eher passive. Beim Lesen dagegen muss das Kind den Text in konkrete Bilder erst umsetzen, es tritt also die Fantasie in Aktion. Wissenschaftler betonen, dass Lesen die Gehirnzellen stimuliert, die Konzentrationsfähigkeit steigert und auch das Vokabular verbessert.

Kinder
Lesen

»Das Leben gleicht einem Buche: Toren durchblättern es flüchtig; der Weise liest es mit Bedacht, weil er weiß, dass er es nur einmal lesen kann.«

Jean Paul (1763–1825)

»Lass dich nur in keiner Zeit zum Widerspruch verleiten, Weise fallen in Unwissenheit, wenn sie mit Unwissenden streiten.«

Johann Wolfgang von Goethe (1749–1832) in »West-östlicher Divan«

Das Lebensbuch »mit Bedacht« lesen, was meint Jean Paul damit? Zunächst einmal Dankbarkeit dafür, überhaupt geboren, Teil dieser Welt zu sein. Was es bedeutet, nicht zu leben, weist uns der Chor der Ungeborenen in Richard Strauss' Oper »Frau ohne Schatten«. Dort wird herzzerreißend gejammert. »Mit Bedacht« heißt zudem Intensität und nicht oberflächlich in den Tag hineinzuleben. Es heißt, etwas zu schaffen, Verantwortung zu übernehmen, und es bedeutet auch das prägende Erleben von Freud und Leid. Schließlich meint »mit Bedacht«, die Sinne für die Wunder, die uns umgeben, zu schärfen und das Ganze als ein einziges Mysterium zu erkennen.

Was will uns Goethe sagen? Manche Streitgespräche sind sinnlos, mag man auch noch so geneigt sein, den anderen zu überzeugen. Es ist vergebliche Mühe, wenn der Gesprächspartner von der Sache offenkundig nichts weiß, nichts versteht. Und doch klingt Goethes Rat einfacher, als er ist. Wer kämpft nicht gerne für seine Position, wo er sich doch auf der Seite der Vernunft sieht? Soll man dem Irrtum kampflos das Feld überlassen? Aber Goethe hat schon recht. Manchmal ist der Preis des Diskutierens zu hoch: beiderseitige Frustration, nicht selten Zerwürfnis.

Streit

Leben
Buch

»Ein Athlet kann nicht mit Geld in der Tasche laufen. Er muss mit Hoffnung in seinem Herzen und mit Tränen in seinem Kopf laufen.«

Emil Zátopek (1922–2000), tschechoslowakischer, dreifacher Olympiasieger

»Voltaire sagte, der Himmel habe uns zum Gegengewicht gegen die Mühseligkeiten des Lebens zwei Dinge gegeben: die Hoffnung und den Schlaf. Er hätte noch das Lachen dazurechnen können.«

Immanuel Kant (1724–1804) in »Kritik der Urteilskraft«

Ein Satz für unsere Nationalelf? Aber muss man sich wundern? Sind nicht unsere Kicker ein Spiegelbild des Zustands unseres Staates? Die Verteidigung: lückenhaft und halbherzig – hier wie dort. Zu spät am Ball – wie unsere Züge. Kein Kompass, Klein-Klein statt klaren, zielführenden Spielaufbaus. Auch Fehlbesetzungen in beiden Bereichen – auf dem Platz, in der Politik. Und mangelt es nicht hier wie dort an Disziplin, Mut und Identifikation mit dem Gemeinwesen, mit dem Land, das man repräsentiert? Wer ist noch mit ganzem Herzen bei der Sache?

Wie recht Kant hat. Aber ist es nicht auch bemerkenswert, dass ausgerechnet ein Mensch, der so tief über die kompliziertesten Fragen nachgedacht hat, uns diesen zunächst vielleicht gar nicht so originell erscheinenden Rat, wie wir der Mühsal begegnen können, liefert? Wir wissen es doch: Hoffnung – das heißt, nie aufgeben. Schlaf: entspannen, das Hirn ordnen und Energie tanken. Lachen: erheiterndes Erkennen von Komischem, Entlastung nach überwundener Gefahr. Aber keines von den dreien ist platter Natur. Im Gegenteil, für Kant sind sie Geschenke des Himmels.

Sport

Hoffnung
Schlaf
Lachen

»Und du zweifelst, Freund, am hohen inneren Weltsinn? Hörst du die Harfe nicht? Willst du auch sehen den Ton?«

Johann Gottfried Herder (1744–1803)
in »Die Harmonie der Welt«

Herder, einer der einflussreichsten Denker der deutschen Sprache, kann es nicht nachvollziehen. Da trifft er auf einen Freund, der einfach nicht begreifen will, welch tiefer Sinn der Schöpfung zugrunde liegt. Damit ist noch nichts über dessen Inhalt gesagt. Wer könnte das Geheimnis auch lüften? Aber dass dem Ganzen eine unserem Denken hochüberlegene Bedeutung innewohnt, dafür präsentieren sich wahrlich viele untrügliche Zeichen: der unendliche Kosmos, traumhaft schöne Landschaften, Fruchtbarkeit, fantasievollste Flora und Fauna, die Musen, das Schöne, vor allem die Liebe. Bei alledem muss man den Ton der Harfe nicht auch noch sehen wollen.

Welt
Schöpfung

Stichwortregister

Abgrund 165
Alter 20, 31, 43, 78, 91, 133, 198
Alkohol 96
Amüsement 74, 79
Anfangsfunke 138
Angst 48
Anspruch 15
Anvertrauen 96
Arbeit 20, 29, 64, 94
Argwohn 36
Arzt 24, 156
Aufgeben 108, 139
Auge 95
Augenmaß 36
Augenzeugen 128
Aufmerksamkeit 163
Ausdauer 185, 193
Autor 170, 199, 202

Bayern 192
Befriedung 148
Beleidigung 72
Benehmen 48, 145
Berge 188
Beruf, Berufung 64, 201
Beschäftigung 94
Bescheidenheit 158
Bett 44
Bewahren 98
Bewundern 121
Blödsinn 77
Briefe 34

Buch, Bücher 71, 119, 145, 173, 206
Bürokratie 54, 172

Contenance 48

Dankbarkeit 183
Dekadenz 78, 203
Denken 81
Determination 122
Deutschland 24, 179
Diskretion 52
Diskussion 99
Distanz 52
Duzen 148

Ehe 22, 37
Ehre 72
Ehrfurcht 141
Eifersucht 120
Eigeneinschätzung 26
Einfall 159
Eingebung 159
Einigkeit 154
Einsamkeit 87
Eltern 88, 114, 196
Emanzipation 97
Ende, das 71
Entbehrung 124
Entfremdung 60
Entsagung 21, 58, 124
Entspannung 53, 200
Enttäuschung 17
Erbe 55, 172

Erde 64
Erfahrung 139
Erinnerung 39, 42, 45
Erniedrigung 134
Ernst 24, 166, 185
Essen 128
Existenz 20

Familie 27
Fehler 12, 53
Ferien 131
Fest 62
Forscher 201
Fragen 25
Fragerecht 25
Frau 110
Frechheit 189
Freiheit 6, 18, 39, 123, 144, 188
Freizeit 162
Freude 22, 79
Freundschaft 32, 114, 197
Frieden 18, 78, 107
Fröhlichkeit 90
Frühling 155

Gast 62
Gedankenlosigkeit 171
Geduld 21, 24, 83, 99, 193
Gefühl 27
Gegenrede 67
Gegensätzlichkeit 60

210

Geheimnis 41, 46, 65, 91
Geist 63
Gelassenheit 79, 201
Geld 61, 103
Genius 113
Genuss 7, 45, 80, 128
Gerechtigkeit 42, 65, 83
Geringschätzung 81
Gerücht 147
Geschlechterrollen 47, 97, 110
Geschmack 97
Geschriebenes 125
Geschwister 98, 150
Gesellschaft 176
Gesetze 132
Gespräch 40, 94, 124, 140, 159, 169, 197, 206
Gesundheit 73, 77, 109, 127, 197
Gewissen 188
Gier 65
Glauben 85, 149, 175
Gleichgültigkeit 90
Glück 15, 16, 21, 58, 67, 72, 87, 94, 124, 144, 170, 173, 183, 188, 191, 197
Gnade 170
Gott 29, 34, 35, 43, 51, 70, 90, 113, 149, 158, 188, 200
Güte 147
Gutes 59, 174, 180
Gutherzigkeit 59

Harmonie 23
Heimat 158
Heiterkeit 90
Helfen 147
Himmel 63
Höflichkeit 75
Hoffnung 16, 69, 103, 207
Horizont 126
Humanität 124
Humor 11, 177
Hunger 70

Ich, das 51
Individualität 110, 115, 176
Initialzündung 138
Innerste, das 91
Instinkt 93
Ironie 102
Irrtum 37

Jugend 31, 46, 78, 91, 114, 167

Kindererziehung 50, 75, 88, 95, 101, 114, 145, 196, 205
Kinder, Kindheit 73, 171, 205
Kindlichkeit 73
Kirche 148
Kleidung 40
Klugheit 9, 10, 36, 57, 67, 99, 122
Körper 51, 116
Konjunktiv 44

Konzert 40
Kopfkino 42
Korrespondenz 56, 108
Krankheit 24, 94, 127, 156, 197
Krieg 13, 47
Kritizismus 109
Künstler 150
Kulinarik 80
Kunst 25, 52, 70, 97, 123, 150, 173, 184, 196

Lachen, Lächeln 135, 207
Langeweile 45, 76
Launen 106
Leben 6, 7, 12, 15, 22, 46, 66, 67, 115, 121, 127, 129, 130, 149, 162, 165, 166, 206
Lebenssinn 10, 186
Lebensweg 19, 115
Lehrer 126
Leib 73, 116
Leistung 13
Lesen, Leser 71, 199, 205
Liebe 12, 22, 32, 38, 104, 110, 131, 151, 157, 195, 202
Lied 49
Literatur 97
Lob 38, 86, 166
Loslassen 185
Lust 61
Lyrik 161

Macht 61, 149, 169, 182
Machtlosigkeit 149
Malerei 25, 52, 184, 196
Männergesellschaft 97
Mann 73, 110, 168
Maß, rechtes 36, 107, 115, 179, 183
Maßlosigkeit 107
Medizin 24
Meinungsfestigkeit 28
Mensch 12, 17, 18, 2, 146, 167, 175, 176, 177, 179
Menschlichkeit 124
Midlife 121
Missgeschick 100
Missgunst 180
Misstrauen 133, 135
Moral 74, 158
Musik, Musiker 26, 49, 70, 97, 189, 200
Mut 27, 75, 110
Mysterium 59, 86

Nachdenken 139
Nachlässigkeit 163
Nacht,
    Nachtgedanken 44, 191
Narrheit 66
Natur 33, 64, 88, 142, 144
Neid 180
Nervtötendes 116
Neugier 156
Nichtigkeit 131
Nörgeln 87

Nützliches 122

Oper 153
Optimist 105, 129
Organisation 172

Pandemie 47
Partnerschaft 40
Pausen 93
Persönlichkeit 29, 101, 146
Pessimist 105, 129
Pflicht 15
Philosophie, antike 198
Politik 23, 74, 117
Politiker 58, 75, 135, 143
Popularität 60
Prognose 163
Pünktlichkeit 160

Recht 16
Rechtschreibreform 101
Rechtsstaat 156
Rede 54, 104
Redner 35, 104
Religion 158, 175
Respekt 75
Richter 6, 192
Rolle 43
Rücksicht 7, 75
Ruhe 133, 200

Schadenfreude 100, 180
Scheidung 37
Schenken 143
Schickimicki 60

Schicksal 19, 59, 122, 165
Schlaf 82, 92, 160, 207
Schlagfertigkeit 63
Schmerz 96, 131
Schöne, das 35, 70
Schöpfertum 25
Schöpfung 85, 86, 209
Schriftsteller 125, 141, 202
Schuldentilgung 100
Schweigen 72, 82, 99
Seele 21, 34, 51, 53, 73, 116, 138
Selbstbewusstsein 134, 201
Selbstliebe 12
Selbstkritik 53
Selbsttäuschung 17, 37
Selbstverwirklichung 145
Sicherheit 168
Sorge 48, 123
Sparsamkeit 161
Spaß 79
Speisen 80
Spieltrieb 73
Sport 207
Sprache 19, 38, 49, 54, 57, 62, 69, 168, 181
Sprechen 155, 159
Spuren 76
Staat 18, 23, 23, 27, 117, 148, 198, 207
Staatslenker 58
Stadtleben 111
Starnberger See 142
Sterne 191

Strafe 16, 177, 192
Straßenverkehr 96
Streit 82, 117, 140

Tadel 38
Täuschung 19
Talent 10
Tatkraft 56
Theater 40, 153
Tiere 193, 203
Tod 39, 45, 172
Treu und Glauben 28
Tugend 16

Übel, das 180
Überfluss 162
Übermut 46
Überzeugen 75
Unendliche, das 174
Ungeduld 83, 99
Ungewissheit 142
Unsicherheit 61
Unverletzlichkeit 120
Unvernunft 181
Unwissen 59, 206
Urlaub 53

Vater 171
Verändern 98
Verdrängen 151
Verdruss 87, 151
Verehrung 141
Vergessen 50
Vergnügen 74, 106
Vernachlässigung 50
Vernunft 92
Versäumnis 44
Verschwendung 161
Versprechen 129
Verstand 92
Verstorbene 39
Verträge 127
Vertrauen 28, 36
Verzicht 21, 58, 124
Volk, Volksmenge 74, 80, 156
Volksfeste 186
Vollkommenes 32
Vorfreude 106
Vornehmheit 154
Vorsorge 172
Vortrag 35, 54, 104
Vorurteil 33

Wandel 130
Warten 105
Weichenstellung 12
Weichheit 18
Weihnachten 79, 80
Weisheit 57, 67, 93
Welt 209
Widerspruch 67, 111, 130, 169
Wissen 92, 93, 99, 187
Wissenschaften 89, 146, 201
Wohlfahrt 80
Wort 57, 62
Wünsche 18, 21, 37, 107
Wunder 7, 137

Zauber 131
Zeit 11, 23, 182
Zeitgeist 97, 101, 122, 182, 203
Zeitverschwendung 11
Ziel 21, 89
Zufall 29
Zuhören 41, 102, 140
Zukunft 157, 163, 187
Zupacken 66

Namensregister

Adiberti, Jacques 19
Afer, Publius Terentius 166
Aischylos 183
Aitmatow, Tschingis 94
Ariosto, Ludovico 129, 173
Aristophanes 111, 117, 124, 130, 146
Avila, Teresa von 116

Balzac, Honoré de 145
Beckett, Samuel 64, 163
Belyi, Andrej 165
Bentham, Jeremy 203
Billings, Josh 10
Brecht, Bertolt 81, 162, 172, 181
Büchner, Georg 156
Busch, Wilhelm 71, 83, 105

Calderón de la Barca, Pedro 169, 183
Camus, Albert 12, 97, 104
Carlyle, Thomas 40
Cicero, Marcus Tullius 18, 56, 174
Clapiers, Luc de 72
Cocteau, Jean 38
Coelho, Paulo 12, 70, 78, 89, 98, 115, 151, 195, 201

Conrad, Joseph 161
Dante Alighieri 138
Defoe, Daniel 180
Dickens, Charles 134
Diderot, Denis 132, 189
Donne, John 133
Dostojewski, Fjodor M. 95, 141

Ebner-Eschenbach, Marie von 201
Eliot, T. S. 81, 110
Ende, Michael 93, 139
Euripides 58, 74, 96, 149

Feuchtwanger, Lion 144
Fielding, Henry 154, 171
Flaubert, Gustave 93, 170
Fleming, Paul 16
Fontane, Theodor 47, 105, 126, 160, 192, 203
Frankl, Viktor E. 10, 15

Ganghofer, Ludwig 132
Gibran, Khalil, 42
Gide, André 185
Goethe, Catharina Elisabeth 22
Goethe, Johann Wolfgang von 6, 3, 36, 37, 45, 63, 87, 89, 96, 99, 103, 108, 130, 153, 154, 156, 167, 184, 192, 206
Gogh, Vincent van 25, 32, 121, 173
Gogol, Nikolai 168
Gómez de la Sema, Ramón 45
Gotthelf, Jeremias 46, 91
Gracián, Baltasar 28, 67, 82, 109, 145, 185
Green, Julien 120
Grillparzer, Franz 7, 18, 25, 36, 42, 57, 80, 92, 102, 114, 124, 150, 159, 179
Grimmelshausen, H. J. Christoffel von 59, 123
Gunnarsson, Gunnar 193

Hauff, Wilhelm 143
Hauptmann, Gerhart 54
Hebbel, Friedrich 114
Hemingway, Ernest 122, 139
Herder, Johann Gottfried 198, 209
Heraklit 107
Hesse, Hermann 20, 31, 39, 43, 61, 78, 91
Hölderlin, Friedrich 38
Hoffmann, E. T. A. 200

Homer 6
Hugo, Victor 128

Jaspers, Karl 39
Juvenal 177

Kästner, Erhart 76
Kästner, Erich 73
Kant, Immanuel 207
Keller, Gottfried 54
Kleist, Heinrich von 19, 82
Knigge, Adolph Freiherr 52, 73
Kundera, Milan 104

Laotse 9
Lenz, Siegfried 72, 76, 126
Lessing, Gotthold Ephraim 29, 90, 106, 137
Lindgren, Astrid 205

MacLeish, Archibald 65, 83
Mann, Thomas 21, 43, 53, 58, 88, 113, 142, 160, 172, 176, 189, 200
Mansfield, Katherine 28, 140
Márai, Sándor 24, 37, 46, 64, 65, 77, 119, 135, 141, 147, 158
Maupassant, Guy de 33

Megara, Theognis von 62
Melville, Herman 138
Menander 35
Mercier, Pascal 17, 171
Meyer, Conrad Ferdinand 148
Milton, John 187
Molière 66, 74, 79, 85, 92, 97
Morgenstern, Christian 11
Musil, Robert 162

Nolde, Emil 52, 150, 196
Novalis 174, 181, 199

Ovid 182

Palmer, Arnold 13
Paul, Jean 44, 70, 155, 170, 206
Petan, Žarko 50
Pindar 180
Pirandello, Luigi 175
Properz 147
Proust, Marcel 163, 186
Puschkin, Alexander 100

Rilke, Rainer Maria 24, 77, 102, 161, 191
Ringelnatz, Joachim 158
Rochefoucauld, François de la 128
Rolland, Romain 33

Rosegger, Peter 49
Roth, Joseph 47, 135
Rousseau, Jean-Jacques 41

Schiller, Friedrich von 22, 26, 75, 79, 80, 107, 108, 123, 142, 155, 187, 188, 197
Schnitzler, Arthur 129
Schopenhauer, Arthur 13
Shakespeare, William 16, 21, 23, 34, 48, 50, 53, 5, 63, 86, 95, 98, 101, 133, 151, 157, 193, 202
Shaw, George Bernhard 106, 143
Seneca 11, 41, 94
Sokrates 40
Sophokles 99, 131, 140
Staël, Madame de 27
Stendhal 157
Sterne, Laurence 168
Sternheim, Carl 196
Storm, Theodor 66, 125
Strindberg, August 55, 86, 87, 134, 167, 198

Thoma, Ludwig 122, 182
Tolstoi, Leo 59, 148
Tschechow, Anton 20, 90, 100, 103, 146, 149, 176
Twain, Mark 62, 202

Valentin, Karl 69, 177, 197
Vinet, Alexandre 27
Vlaminck, Maurice de 17, 49, 184
Voltaire 127
Wackenroder, Wilhelm Heinrich 26
Wagner, Richard 29, 67, 127
Walser, Robert 75, 186
Walser, Martin 111, 120,125, 144
Wedekind, Frank 166
Weidermann, Volker 71
Werfel, Franz 44, 109
Wiechert, Ernst 34, 101, 121, 175
Wilde, Oscar 35, 51, 60, 110, 131, 188
Wittgenstein, Ludwig 51
Woolf, Virginia 116

Zátopek, Emil 207
Zweig, Stefan 23, 57, 61, 115, 169